爆走!! 妊婦日記

出産・文 橋上るる

明窓出版

2

CONTENTS

第二章 意外に長いぞ、妊娠生活 51

第三章 馴じんできました、大きなお腹　117

第四章 そろそろ出てくるぞ！ 155

第五章 いよいよ誕生！ 199

プロローグ

恐るべし、お産

当時、ドイツに住んでいた姉の出産予定日が近づいたというので、海外初体験の母を連れて姉宅を訪れたのはかれこれ10年以上も前のことになる。その頃、時間がたっぷりあるお気楽な学生だった私は、まあ将来の参考に、という軽い気持で物見遊山でハラボテの姉を見に行った。

もちろん、臨月の人をそんなに身近に見るのは初めての体験である。空港に現れた姉のお腹は、想像以上に膨らんでいた。妊娠7カ月目に会ったときより2倍くらい大きくなっている。

さらに、出産前夜、「ほれ、これが妊娠線」といって姉の見せてくれたハラには、くろぐろとした稲妻模様が網の目のように走っていて、私は気絶しそうになった。

それだけでも充分衝撃的なのに、翌日の早朝、まだ空が白々と明けはじめたばかりのころに、私と母の寝ていた居間に、隣室から姉がガニマタで入ってきて、

「お母さ〜ん、破水しちゃったみたい」

というではないか。じょ、じょーと姉の足には水が滴っている。

夫と病院へ向かった姉が女の子を産み落としたのはそれから30時間ほどたってからだった。あまりの難産で、赤ん坊は発熱、保育器に入れられて大きな病院へ搬送されてしまった。ひとり産院のベッドに脱力して横たわる姉に、私は最も聞きたかったことを聞いた。

「やっぱ切った？」

「切った切った。でも、もうその前からあんまり痛すぎて、いつ切ったのかわかんなかったよ」

さらに、会陰は切ったけれど、肛門のほうまで裂けてしまって、

「おしっこの度にめちゃくちゃシミる。痛いのなんのって」

と顔をしかめた。また、破水というのは普通赤ちゃんがいざ出てこんというときに起きるもので、羊水が潤滑剤の役割をするのだが、姉のように先に破水してしまうと難産になるのだと教えてくれた。私の頭の中では、キシキシときしみながら産道をこすりつつアカ

ンボが降りてくるイメージが湧いた。

ゾーッ。姉は難産でヘロヘロにもかかわらず、

「お産の最中は、彼に肛門を押さえてもらってさ」

と、花も恥らう女子大生の私に、恐ろしい話を次々と聞かせるではないか。

なんてコワいんだ！　お産は……。日本に帰った私は、大学の友人たちに、

「陣痛のときは、だんなに肛門を押さえてもらったけど、結局生まれるときにはバリバリ裂けちゃったらしいよお」

としたり顔で報告し、友人たちを震え上がらせたことは言うまでもない。

お産というものを身近に体験したのは、この時が初めてだった。お産とは、なんとまあすさまじいものなのか。

このドイツでの数日間は、その後10年間私のお産に対する見方を決定づけた。

第1章

理想のお産をGETせよ!

妊娠4~7週●2ヶ月

お産耳年増に

私自身が妊娠したのは、それから10年あまり後のことである。大学を出て新聞社の雑誌セクションに就職した私は、自分が妊娠するまでに、雑誌でお産についての記事を書く機会にいくつか恵まれた。

姉のお産はスゴかった。スゴかったけれど、でもやっぱりいつか、私も子供が産みたい――。そう思っての取材だったので、熱心に話を聞いた。

なかでも印象的だったのは、あるベテラン産科医の話だった。要約するとこんな感じである。

――お産を終えたばかりのお母さんと赤ちゃんは、数時間の間はっきりと覚醒している。最近では、このときの赤ちゃんの目がちゃんと見えていることが分かってきて、ちょうど

お母さんの顔が見える20センチくらいのところに焦点が合うようになっている。げんに、生まれてすぐの赤ちゃんをお母さんのお腹に乗せると、二人はじーっと見つめ合う。

この出産直後の時間が非常に重要な意味を持つ。この間を密着して過ごし、さらにできるだけ早く初乳を飲ませることによって、別名『子育てホルモン』とも言われる、プロラクチンが分泌され始め、「母性のスイッチ」がONになる。

ところが、現在の医療では、母乳の出にくい出産直後にミルクで栄養を補給したり、新生児室に赤ちゃんを集めて母子別室で管理したりするほうが主流で、母子が産後の「魔法のような時間」をゆっくりと過ごすには、現場の医師や助産師の協力が不可欠である……。

ええ話や……。この、スイッチがONにならないと、産後いつまでたっても赤ちゃんをかわいく思えないお母さんになってしまうという。自分が産むときには、絶対このお産直後の「魔法の時間」を大事にしたい！　と心に誓ったのである。私の中にはすっかり、母子完全同室で、母乳育児をきちんとバックアップしてくれる病院で産む、という理想のお産像ができあがっていた。頭の中はすっかり、お産の準備万端になっていたのである。

完璧な産院ガイド

そんなときに、いよいよ妊娠とあいなって、夫が買ってきてくれたのが「ここで産みたい！　編　368人のママによる351産院ガイド（東京編）」（ショパン刊）。B5判の表紙いっぱいにドーンと笑う赤ちゃんの上半身アップで電車の中で開くには憚られるような表紙だが、この本がすばらしい。東京の病院・産院・助産院351個所について、実際にそこで産んだママたちと、アンケートが掲載されている。その項目が、まさに私が知りたかったことについて詳細に設定されていたのだ。

おっぱいは生まれて何分~何時間後にくわえさせたか？　おっぱいはすきなときにあげられたか？（病院によっては授乳時間が3時間おきなど決まっているところがある）　母乳指導はあったか？　乳房マッサージはあったか？　退院時の母乳率は何%か？

なにしろ、実際にその病院で産んだお母さんたちが答えているのだから間違いない。さらに、病院側にも、母子同室・別室を選ぶことができるか、母乳が出るまでにミルクや糖水を足すか、などについても答えてもらっているので、病院の母乳育児への取り組みの姿勢がよくわかるのだ。

いちばん知りたかったこと「会陰切開」

もっとすごいのは、この本が、私が何よりもビビっていたこと……「会陰切開」についても、事細かにアンケートを行っていることだ。

会陰切開……聞くだに恐ろしい言葉である。女性ならみんな、ビビると思う。アソコを切るなんて、昔、いかりや長介がアフリカを旅して、現地の羊飼いのおじさんが石で羊の睾丸をパーンッと乱暴に挟み潰して去勢しているのを見て、「男としてはとても見ていられない！」とうずくまってたのをテレビで見たが、まあ、女にとってのそんな感じ？

なぜ切らなくてはならないのか？　それまで読んでいたお産本によると、切開して早く出したほうが赤ちゃんとお母さんへの負担も少ないし、また、切らないでがんばっていると逆に、ひとりでに裂けてしまい、切って縫合した場合よりも治りが遅くなってしまうということだった。こだわる私に対して、切開バリバリ＋肛門まで裂けてしまった姉は、

「そーんなに心配しなくて大丈夫だよ！　もう、それどころじゃないんだから、お産のときなんて」

と余裕である。

でも、私は気付いたのだ。「ここで産みたい～」のアンケートを見ていると、切開を積

極的に行う病院と基本的にしない方針の病院があるということに。助産院にいたっては、すべて切開しないで産んでいるではないか！

一例として、ある病院側の回答。これは積極的に行ってる派。
会陰切開率　初産婦　約１００％　経産婦　約95％、
会陰切開したあとの会陰裂傷率　１度裂傷　数％、
会陰切開しない場合の会陰裂傷率　２度裂傷　数％、
会陰切開をしないためにしていること　特になし。

切らない方針の個人産院の回答。
会陰切開率　初産・経産婦　０％、
会陰切開をしない場合の会陰裂傷率　１度裂傷　約30％、２度裂傷　約10％、
会陰切開をしないためにしていること　妊娠後期から会陰部のマッサージ。

切るべきか切らざるべきか

私は、これらのデータを熟読した。もちろんできれば切りたくないが、切らないでがんばっていて裂けてしまうのは、もう、これは想像しただけでもヒーッと頭が痒くなってしまう。姉のように、切ってもさらに裂けてしまう人もいる。じーっと数字を眺めていると、切るほうがいいのか、切らないほうがいいのか、答えが見えてくるような見えてこないような。

本の巻頭では、自然なお産を推進しているフジコ・ヘミングみたいなド迫力の助産師さんと、会陰切開100％の病院の医師が、熱烈に議論を戦わせている対談が載っていた。戦わせていると言うよりは、一方的にフジコがケンカを売っているというほうがピッタリするかもしれない。以下一部を抜粋してみる。

医師　「（会陰切開をしないで）産後会陰が弛緩した状況よりは（会陰切開をすることによって）前と同じような状況に戻るというメリットがないわけじゃないと思います」

フジコ　「それは誰に対してのメリットですか？」

医師　「夫婦生活の上でも都合がいいという意見も聞きますが」
フジコ「(会陰切開のはん痕で)膣の入り口だけ硬くなっても、しょうがないですね。
それは妻のでなくて夫のメリットでしょう」

ちなみに、この医師の勧める病院は無痛分娩をやっている病院である。硬膜外麻酔を打って、痛みを和らげながらお産する方法で、いわば助産院で自然にお産するというのとは対極のお産の形とも言える。もちろんこのテーマについても二人は熱く語っているが、無痛分娩について書くとまたとっても長くなるので、ちょっとそれはおいておく。

で、会陰切開である。フジコ助産師が強調するように、「切開してはん痕が残るより、切開しないでお産し、仮に自然裂傷ができても、はん痕は残らず、女性にとってはその後の夫婦生活にとってもずっと都合がいい」というのは、はたして本当なのだろうか?

やっぱ女医さんじゃないと

そんなとき、子どもを産んだばかりの友人ママからこんなことを聞いた。彼女は、切開しなかったために、産後の回復が非常に早く、二日目には元気で歩き回れたという人である。

「私が産んだところはね、切開する方針の病院だったんだけど、たまたまお産のときの当直だった女医さんが、『妊婦さん自身も、女性の立場から切りたくないんだ！　ってことを声を大にして言っていくべきよ』という人だったんだよね」

そうか。同じ病院内でも先生によって切るか切らないかは方針が違うんだ。この事実は大きな衝撃だった。つまりそれは、もしその当直の女医さんじゃなければ、彼女は有無を言わさず切られていたかもしれないということではないか。やはり会陰切開への思いというのは、女医さんじゃないと分かってくれないのかもしれない……。

お産のバイブルに出会う

切るべきか、切らざるべきか。そんなもやもやとした思いに、決定的に方向付けをしてくれたのは、「分娩台よ、さようなら」（メディカ出版）という本との出会いだった。この本は、職場で妊娠した女性に次々と回覧されている（買えよって感じ？）バイブルなのであった。少し長くなるが、内容を引用する。

まず、この著者の大野明子先生の経歴がユニークだ。彼女は、東大理学部を卒業し博士号までとった地質学者だったが、長男の出産をきっかけに、それまで積みあげたキャリアを捨て、30歳で産科医になることを志す。そのとき、仲間の研究者に「You are brave.（勇気がある）」と言われたというが、ほんとにそうである。

大野先生は、「会陰切開がふつうである今の状況は異常です」という。そもそも、分娩台であお向けになって赤ちゃんを産むのは自然に反しているのだそうだ。重力に反して産みあげる形になるため、産婦さんにとっても非常に負担が大きく、重力によって必然的に会陰も傷つきやすくなってしまう。

それなのに、なぜ病院ではあたりまえに分娩台があるのかというと、それはお医者さんにとって都合がいいからである。げんに、分娩台を使わず、四つんばいなどの好きな格好で赤ちゃんを産むようにしている大野先生のところでは、誰一人として会陰切開をしないで赤ちゃんを産むという。

ついでにいうと、病院の処置としてポピュラーな分娩監視装置のとりつけやお産前の剃毛、浣腸、導尿、お産立会いの制限、出生直後の母子分離なども医療従事者側の都合でなされるもので、医学的な根拠はないらしい。お布団の上でもトイレでもお風呂でも、自分にとって一番ラクな姿勢で、夫や子供たちに囲まれて赤ちゃんを迎える（そしてへその緒を夫が切って、産後の時間を家族でゆったりと過ごす）ことこそ、人間本来あるべきである「あたりまえのお産」の形ではないか、と先生は強く問いかけている。

そうか！　と目からウロコとはこのことだった。やっぱり、会陰切開は、お医者さんの都合だったんだ！　なんだかモヤモヤしていた私の疑問点に、スパーッと明快にこの本は答えていた。産婦さんの毛を剃ったり尿道に管を入れたり、陣痛促進剤で産まれる日をコントロールしたり、新生児室でまとめて赤ちゃんを管理したりするのも、病院という組織の効率化のためだったんだ。なーんだ、そうだったのか。

会陰切開なしのあたりまえのお産のためには、妊婦は毎日3時間歩くことを勧めている。ぞうきんがけやトイレ掃除、庭の草取りなど、はいつくばって動く家事もどんどんやって、しかも食べすぎは厳禁。とにかく、ポイントは『デブ妊婦の禁止』につきる。出産時に通常体重の＋8キロまでで抑えろというのだから、徹底的だ。

CPDなど存在しない？

ところで、私も、私の姉も、母親がCPD（児頭骨盤不均衡・赤ちゃんの頭が大きすぎて母親の骨盤を通れない）だと診断されて、帝王切開で生まれたのだが、大野先生は、CPDという症例そのものの存在に疑問を呈している。

自分で産めないサイズの赤ちゃんを身ごもることは、自己保存の摂理に反していて、生物学上とてもヘンなのではないかという。病院によっては、帝王切開率が30％もあるところもあって、本当にそういった医療介入が必要なのかどうかと本の中では警告している。帝王切開までいかなくても、お産のときに赤ちゃんがなかなか出てこないときには、1割程度で吸引（赤ちゃんの頭にカップをつけて引っ張る）や鉗子（スプーンのような形をした金具で挟んで引っ張る）が行われているが、それも「医療介入をするのは、しないよりも手っ取り早いから」だという。

だからこそ、大野先生は、産院選びの重要性を説いていた。「どんなお産がしたいか」を自分できちんと考えなさいというのである。

大病院、中小病院、個人開業医、助産院と、お産の施設はいろいろな種類があり、大きいほうが必ずしも医療レベルが高いということではない。大病院では、お医者さんも交代制だから、初めて会う当直の先生に取り上げてもらうということだってまままある。夫に立ち会ってもらいたくても認められないところもあるし、授乳が3時間ごとと決まっているために、新生児室で赤ちゃんがおっぱいを求めてわあわあ泣いていても、お母さんはガラス越しに見ているしかないというところもある。

私はどうアカンボを産みたいか。すっかり目覚めてしまった私は、自分のバースプランらしいものを考えてみた。

まず、大野先生の言うとおり、太りすぎず、運動をたくさんする。そうすれば、アカンボは小さく抑えられて、妊娠線も出来ないし、安産だ。それに、できれば分娩台の上よりも、畳の部屋でお産したい。好きな格好で陣痛の時間を過ごし、お産もゆっくりと時間をかけ、会陰が切れないように保護してもらえるのがいい。とはいっても、30過ぎて初産だし、できれば助産院より病院のほうがいい気がする。夫にはアカンボが生まれる瞬間を一緒に見て欲しい。などなど。なんかいっぱいあるな。

人気産院は予約でいっぱい

再び「ここで産みたい〜」を開き、細かな条件をチェックすると、助産院ではそういったお産に取り組んでいるところが多いものの、それらの要求をすべて満たしてくれる病院はあまり見当たらなかった。やはり、東京・杉並にある大野先生の開業している明日香医院しかない！　という結論に至ったのが、妊娠9週目の頃だった。

だが、読みが甘かった。この明日香医院はいまや、先生の信条に共感して集まってくる妊婦さんたちで、いつも予約でいっぱいなのだ。私が電話した時点では、もういっぱいです、と残念ながら断られてしまった。

聞いたところによると、ちょっとでも生理が遅れたら予約を入れないと難しいんだそうである。あきらめきれなくて、病院のＨＰを見て、先生の著書に感動したことなどを書いて、もう一度メールを送ってみた。すると、「1月はもういっぱいいっぱいで、本当に申し訳ありません。どうぞ、元気なお子さんが生まれますよう心からお祈りしております……」というような内容の、すごく丁寧なお断りのお返事を先生ご本人からいただいて、泣く泣くあきらめた。ここから、私の「生む場所探し」の長い旅が始まってしまったのだった。

姉に聞いてみた

自然なお産で生むのだ、と心に決めた私は、勉強した成果を得意になって姉に話して聞かせた。

「お姉ちゃんは陣痛促進剤打ったの？」

「うん、打ったよ。なかなか生まれなかったからね」

「ちゃんと、促進剤使うってお医者さんから断りがあった？　会陰切開も、するかどうか聞かれた？」

「うーん。なんか、書類にサインしたような。痛くてあまりよく覚えてない。ドイツ語だったし」

姉は自信なさげだ。

「促進剤はね、間違えるととても危険なんだって。ちゃんと産婦さんがそういう意識を持って、どうしてその処置が必要なのか聞かないとダメだって」

私は現在の産科医療の問題点や、産婦の意識変革の必要性についてとうとうと述べた。

姉は「はあ～」と聞いていたが、

「あんたって、理屈っぽいよね！」

とひとことで片付けられてしまった。

「お産って、もっと、動物的なものだよ」

出産を終えた今なら、あのときの姉の言葉がよく分かる。でも、なんだか私は、自分が理屈ばっかりこねているあたまでっかちと認定された気がしてムッとした。

姉だけでなく、全く出産のしゅの字も予定のない友人のミカちゃんたちとお茶を飲んで

いたときもやってしまった。ミカちゃんは（たぶん）社交辞令として、

「どこで産むことにしたの？」

と聞いたのだ。でも私は、

「今のお産はねこうでこうでこうで、（……中略）だから、なかなか難しいんだよ！　い
いお産をしようと思うと。で、まだ決められないの」

と鼻息荒く爆走してしまった。友人のミカちゃんは、圧倒されたように、

「なんか、るるちゃんらしいねえ……」

と言葉を失っていた。さすがに、ハッ！　私ってちょっとウザい？　と気付いた瞬間で
ある。

妊娠8〜11週・3ヶ月

妊娠線を予防しよう

妊娠8週目に入った私はまず、妊娠線予防のためのクリームを購入することにした。妊娠が分かって以来、10年前の恐ろしい姉の割れたハラがフラッシュバックする。といっても、いったいどこにそういったものが売っているのか見当もつかない。

妊娠3ヶ月に入ったある夜、夫・ドン（ドン・ヘンリーと自作パソコン好きの4?歳。妻が妊娠してわかったこと…子供の成人式は俺ってもしかして60過ぎ？　オーマイガーッ）といっしょにインターネットで「妊娠線予防クリーム」について検索してみた。

ネット通販している予防クリームのHPを探し出し、「お、これだこれだ」と画面をスクロールしていくうちに、私とドンはピタッとだまってしまった。

「これが妊娠線です」と説明が添えられたパツパツニンプのお腹のアップ写真が掲載され

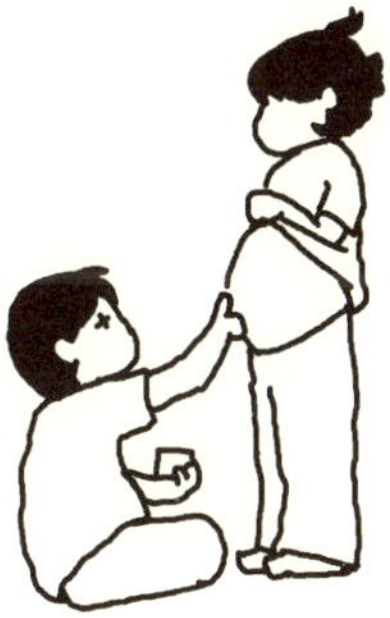

ていたのである。もちろん、クリームの宣伝のHPだから、これを塗らないとこうなっちゃうよ〜！　くらいのつもりで、その写真を掲載しているのであるから、妊娠線もかなり激しいバージョンなのだと思われる。それにしても、そのハラは怖かった。姉の実物を見ていた私でさえ、言葉を失ったのだから、隣で見ていたドンの衝撃度はもっとすごいに違いなかった。

「ショックうけてるでしょ？」

「うん……」

「こうならないために、クリーム塗らなくちゃいけないんだね、うん」

「そうだね……」

ドンは息も絶え絶えである。

それまでも、お産に立ち会ってほしいと早々と宣言している私に遠慮してはいるが、ドンは「血が怖い……」とことあるごとにつぶやいては、お産に立ち会いたくないことをさりげなくアピールしていた。車やパソコンなどモノ好きな彼は、そういうナマっぽいことがきらいなんである。お産までの日々の間に、彼をどう改造するかは、大きな課題となっていた。

「こんなハラくらいでビビってちゃだめなんだよ！　お産するっていうのは、たいへんなの。お姉ちゃんなんか、ダンナにお産の最中、肛門押さえてもらったんだからね！」

彼はエッと驚いて、

「そんなにまでしても、離婚しちゃうんだ……」と蚊の鳴くような声でつぶやいた。そう、姉はその後離婚したのだ。が、それはこの際関係ないことである。

赤ちゃんショップ初訪問

結局、その週末、ドンと連れ立って初めて大手ショップの「アカチャンホンポ」に行ってみた。休日の「アカチャンホンポ」は、紙オムツを抱えた赤ちゃん連れの若夫婦や、授乳用ブラを選ぶボテバラ妊婦とそのお母さん、といった人たちで、あふれかえっていた。

そのピンク色のまったりした幸福感があふれる店内で、妊婦なりたての私とドンは完全に浮いていた。ドンは「こんなとこで会社の人に会ったらやだな」などといっている。そしたら本当に会社の人がいたので私たちは柱の陰にあわてて隠れてしまった。

初めて見る妊婦グッズのあれこれに私たちは目を白黒させてしまったが、なんとか目的の予防クリームを発見し、購入できた。植物性油脂が１００％の人気商品である。こういったクリームを毎日ハラにすり込んで、肌の油分を切らさずにいると、8割の妊婦が妊娠線を防ぐことができた、とそのHPには書いてあった。

15週目くらいから塗り始めるように……とあったが、私はまだ10週目のその日から塗り始めた。ドンも、「これで割れなくなるのか！」と面白そうに観察している。とはいえ、まだふくれてもいないハラに、割れないように、と念じて風呂上りに塗っていても、なんとなくまだ実感はわかないのであった。

助産院に行ってみる

この時期、私にとっての最大の課題は、「生む場所探し」だった。明日香医院に断られてしまい、どうしよう、と思っているうちに、妊娠3ヶ月目も後半に入っていた。世間はもう夏である。暑いし、ツワリはひどいし、仕事はなんだかんだと忙しいし、早くもテンションはさがりつつあった。お産について燃えて勉強し、赤ちゃんと自分のためにがんばろうと決意したのはいいのだが、私は自分をかなり見誤っていた。もともとすごく飽きっぽい性格なのだ。スタートダッシュではりきりすぎて、途中で脱落するタイプというか。

そういえば、中間テストとか期末テスト前になると、すべてのテスト範囲をカバーできる完璧かつ緻密な計画表（蛍光ペンとかで色分けしてある）作りに情熱を注ぎ、表が完成すると、「できた！　うふ」と安心して寝てしまうヤツだった。

そんな私だから、明日香医院がダメになって以来、「ここで産みたい〜」をトイレに常備し、さまざまな病院や助産院について細かくチェックしているだけで、

「なんか疲れた」

とつぶやいてはドンをあわてさせた。そんな様子を見て、助産院で陣痛中の妻を抱えたりして支えながら迎えるようなお産はビビっていたはずのドンは、近所で評判のK助産院についてネットで調べてくれ、そこで産んだという女性の体験記をプリントアウトして私にくれた。そこにはこんな感じのことが書いてあった。

「会陰切開がない、自由なスタイルで産めるなどが決め手で選んだ。自分はレゲエをかけながら陣痛の期間を過ごしたけど、背中をさすってもらうとすごく気持ちよかった。畳の上で産んで、自分でへその緒を切って、そのあと子供を胸に抱っこしてしばらくダンナと3人でいさせてくれた。一生のうちでほんとにいい時間だった……」

その体験記を書いた方の文章がうまかったせいもあるだろう。それを読んだら、すっかり「お産はぜひここで！」と気分が盛り上がってきた。で、さっそく、ドンを連れて、K

助産院を見学に訪れることにしたのである。

K助産院は、住宅街の一角にあった。古い木造の一戸建てで、お産の施設にはあまり見えない。道を聞いた近所のおばさんも、存在すら知らなかったようだった。

インターホンであがってくださいといわれ、急な狭い階段を上がると、和室があって、実家に帰ってきたようなアットホームな、というか、友達の家に来たみたいな雰囲気だった。院長の助産師が出てきて、てきぱきポイントを押さえて説明してくれる。優しそうな方だったのでほっとした。が、ざっと施設の説明が終わり、「おいくつですか？」と年齢を聞かれたので、「32です」と答えると、「初めてのお子さん？」と続けて聞かれた。「はい」と答えると、「そう……」となんとなくひいているような感じがした。

「こちらでは、30過ぎで初産の方とかはあまりいないんですか？」

とたずねると、

「まあ、二人目の方とかが多いですけどね、でも初めての方もいますよ」

と一応答えてくれた。が、あなたはどういうふうにお生まれになったの？　と聞かれたので、母は骨盤が狭くて、私と姉を帝王切開で産んだんですと答えたら、ますますひき気味なのがうかがえた。骨盤の形は遺伝する可能性もあるというようなことも言われた。

その日は蒸し暑かったので、院長は、靴下を履かずにたたみに横座りしていた私の足元をチラリと見ると、

「夏でも靴下を履かないと」

とやんわり注意した。それに、横座りはやめてアグラをかくようにとも言われた。他にも、体を冷やすので暑いからといって冷たい麦茶は飲まないように、赤ちゃんが大きくなりすぎるので牛乳やチーズなどの乳製品やチョコレートは控えるように、など私の妊婦生活について次から次へと指導が入った。

「助産院で産むには、やはり自分自身がしっかりして自己管理してお産を迎えないと」

……。怒られてしまった。

「ツワリはどうですか？」

と聞かれたので、ひどいです、と答えた。その頃には、ご飯が食べられなくて、妊娠前に比べて3キロも体重が減ってしまっていた。でも、大野先生の本にも体重は臨月で＋8キロまでに抑えなさいって書いてあったし、と考え、どちらかというと、いい方に解釈していたのだ。

ダメ妊婦じゃん！

「そうですか……。ツワリもそうだけど、お産は、これまでのその人の生活スタイルがすべて出てきますからね」

ん？　ツワリがひどいのは、これまでの私の生活スタイルのせいってこと？　なにしろ、不摂生の限りをつくしたような20代だったからな。夜は外食ばかりで、おいしいお酒につまみも通風になりそうなものばっかり。朝の3時～4時まで飲み歩き、仕事が立て込んでくるとコーヒーガバガバのみながら徹夜。朝方お腹が減って、自動販売機でカップ焼きそばを買ってきて食ったり。もちろん必然的に朝は起きられなくて、仕事の時間がどんどん後ろにずれ込んで……。一年前に結婚して引っ越してからは、通っていたスポーツクラブも遠くなってやめてしまい、運動という運動もしていなかったし……。だめじゃん！

先週も、仕事で朝3時になってしまったことがあり、ドンに怒られたばかりだった。それだけでなく、仕事場ではいつも冷たい麦茶をゴクゴク飲みまくっていたし、もともと汗っかきなのが、妊娠してからはさらに汗をよくかくので、薄着、裸足で暮らしていた。だって暑いんだもん。

つい先日は、ツワリの合間にレアチーズケーキがむしょうに食べたくなったので、自分で作ってホールで食べちゃったりしていた。乳製品？　食いまくりじゃーん！　助産院でお産をするには、提携する産婦人科でも平行して妊婦検診を受けるというのが一般的である。妊娠中に、妊娠中毒症になったり切迫流産になったり逆子になったり、とにかく危険指数の大きいお産になりそうなときは、助産院のほうから病院で産むことを薦められてしまうのだ。助産院でお産するには、健康的に、厳しく自分を律することのできる正しい妊婦でなくてはいけないのである。

院長は、

「1月だったらまだ空きはありますから、とにかく、まずは、提携しているT産婦人科にいってみてください」

という。その病院は、駅二つくらい離れたところにあるらしい。場所を聞いて、ドンと共に助産院を出た。が、その頃には、私はもう、すっかり自信を無くしてしまっていた。

これまでの自分の生活を考えると、助産院での自然で健康的なお産なんて程遠い気がしてきた。心を入れ替えて、これからは、きちんと食生活や服装や座り方や運動や、いろんなことを守って半年以上もがんばれるのか？　というか、だいたい、これからがんばれば間に合うという話なのか？　なんか、ブルー。私はすっかりだまりこんでしまった。

一方ドンはといえば、助産院に足を運ぶというだけでも緊張していたのだろう。終始無言だったが、私がどういう感想を持ったのか、私の様子から反応をうかがっているようだった。私たちはそのまま二人で会社に向かう地下鉄に乗りながら、K助産院についてあまり語り合わなかった。

妊娠12～15週●4ヶ月

食事日記を開始

それでも、すこしばかりしっかりしなくちゃ、と思った私は、自分が何を食べたか記録をつけ始めた。鉄分や葉酸、カルシウムの多いものを意識的にとるようにし、ケーキなどの甘いものを控えるようにした。靴下も履いて、エアコンの効いた会社ではカーディガンをはおることにした。でも夜は相変わらず午前様になったりして、温厚なドンも、

「るるさんが守ってやらなくてだれが子どもを守るんだ！」

と怒り出した。まったくパパらしい言葉である、と感動している場合ではない。確かにただでさえツワリで気分が悪いうえに無理がたたって、地下鉄の駅のトイレを梯子して吐きながら帰ってきたこともあった。具合が悪くなるたびに、「はあーっ、妊婦失格」とため息をついては落ち込んだ。

分娩台とご対面

そうこうするうちに、4カ月目の妊婦検診の日がやってきた。それまで検診に通っていた近所の婦人科クリニックに紹介状を書いてもらい、K助産院と提携しているT産婦人科に行ってみることにした。

T産婦人科に行く前に、「ここで産みたい〜」を再び開き、病院データをチェックした。完全母子同室で、母乳育児にも非常に熱心。できるだけ自然分娩をこころがけているという。ほー。なんなら、ここで産んでもいいんじゃないかな〜と期待を胸に膨らませつつ、私はT産婦人科を訪れ、驚愕した。

その病院、すっごく古いのである。まず入り口には、風雨にさらされた板塀が貼ってあり、待合室に入ると天井の壁紙はシミがぶわーっと広がって、あちこち剥がれていたりする。スリッパも、何年使っているんだろう？　というような代物で、診察室に入ったらまたビックリした。病院と同じくらい年とったおじいさんが座っている。といっても、ヨボヨボというのではなく、背が高くてすらっとしてダンディな、昔はさぞかしモテただろうという眼光鋭いその人こそが、院長のT先生だった。

T先生は紹介状にチラリと目を通すと、シュコシュコと空気を入れる旧式の血圧計で私の血圧を測った。もちろん、体重計もすっごく古いやつである。

先生はダンディなのだが、お世辞にも愛想がいいという感じではない。そろそろ胎児の性別がわかる頃だと本で読んでいたので、超音波の画面を見ながら無言でいる先生に、ドキドキしながら思い切って、

「もう、男か女かわかるんですか？」

と聞いてみた。すると、ギロリ、とこちらを一瞥し、

「知りたいの？　楽しみはとっておいたほうがいいでしょう？」

とまるで怒っているようにいうのだ。

私はすっかりビビッてしまった。産婦人科医の中には、性別を教えないという主義の先生も多い。前出の大野先生もそうだった。お腹の子供が男か女かで、母親がガッカリしたりするのは確かによろしくない。

私自身も、なんとなく男の子がいいと思っていたので、どっちなのかが気になってしかたなかったのだ。だが、このT先生にはもう二度と聞けまい……。

診察が終わり、助産師さんが施設内を案内してくれるというので、参考までについていってみた。

病室はすべて個室で、ベッドと冷蔵庫、流し、ソファなどがある。夏でどこの部屋も開け放してあったが、人が入っていたのは一部屋だけで、パジャマのお母さんと、Tシャツ短パンのだんなさんが、赤ちゃんのそばに座っているのが見えた。

セミの声が響き、コンクリートの建物を風が抜けていった。廊下の一番奥には、畳の部屋付きの家族ルームもあった。入院中の産婦と一緒に、だんなさんや上の子供などがいっしょに泊まれるという便利な部屋である。全体的に、とっても古びている……。でも、なんだか病院というよりは、遠い日に泊まった海辺の民宿に来たようななつかしい感じがして、それはそれで悪くないように思えた。

そのあと、こちらが分娩室、と案内された。私はここで、初めて分娩台というものを目にすることになる。

それは事務所のソファのような無愛想な青いビニールに包まれていて、とっても実務的な感じがした。背中の角度が変えられるようになっていて、ああ、ここに仰向けに寝て産むのだなと想像してみた。

とたんに、「やっぱヤダ」と頭の中で言葉がはじけた。なんか、自分が赤ちゃんを産む場所としてふさわしくない気がした。

「こっちが水中出産用のバースプール」

と案内してもらった奥の部屋には、大きめのお風呂のようなものがあった。あとで分かったのだが、T先生は、水中出産を日本で積極的に紹介した先駆け的存在で、ここの病院はその点でも有名なのだった。

水中出産プール

水中出産か……。それは私の心を捉えた。

分娩台よりはずっといいような気がした。水の中に入ると陣痛が和らぐので、助産院などでもおフロに入ることを積極的にやっているのを聞いていたからだ。

「水中出産の方ってどれくらいいるんですか?」

私が聞くと、

「ここんとこ、水中の人ばっかり続いたのよ。夏だからかしらかねえ」

とケラケラと助産師さんは笑った。

私は、K助産院に見学にいったことを告げ、この病院で産むかどうかわからないという話をした。

するとその助産師さんは、
「K助産院はとってもいいわよね。私もぜひ働いてみたいと思ってるんですよ。ここもとってもいい病院だけど、私は助産院で産むほうを勧めるな」
という。

ほー。自分の勧めてるところよりも助産院を勧めるのか。帰る道々、初めて見た分娩台があたまをぐるぐるとまわり、やっぱり初志貫徹、助産院でのお産ができるようにがんばろうかな、という気になっていた。

不摂生で不妊寸前？

どういうお産をするかのハウツーのことばかり書いてきたけれど、妊婦の気持ちというのも、あの時期だけの特有の高揚感があって面白いものだ。

話が前後するが、妊娠にいたるまでのことをちょっとここで書きたいと思う。

実は、私は子どもがそろそろほしいな、と思ってから待望の妊娠を迎えるまでには、ちょっとばかり時間がかかった。なにしろ、そのころには、20代の不摂生がたたって、ホルモンバランスが崩れることでうまく排卵しない、多嚢胞性卵巣症候群（ＰＣＯ）という堂々とした不妊症一歩手前になっていたのである。

これは、うまく排卵しなかった卵子のカラがネックレスのようにつながって卵巣の中に残ってしまうものらしく、薬を服用することなどで直るのだが、それでもなかなか排卵がうまくいかないやっかいなケースもあるらしい。

私がＰＣＯだと分かったのは、妊娠が判明する数カ月前のことだった。生理不順はいつものことで、なぜだかわからないのだが、そのときは、妊娠検査薬を試した結果が陽性になったのである。私は妊娠したぞぉー！　と喜び勇んで婦人科の門を叩いた。

最近の検査薬の精度はかなり高いと聞いていたので、すっかり妊娠した気分になっていた私は、病院に夫のドンまでひっぱってきて、子どもの名前まで考え始める暴走ぶりだった。

ドンはといえば、私とはちょっと温度差があって、「ほんとかなあ、ほんとに妊娠してるのかなあ」とかいいながら、なんとなくまだ現状を認識できていないようだった。私たちは、子どもができたらいったいどう生活が変わるのだろう、私たちに育てられるのだろうか、というようなことを話し合っていた。ところが診察室に入り、超音波の画面を見ている先生が、

「たまごが見えませんねえ」

と言うので、頭が真っ白になった。

「理由は3つ。まだ小さすぎて見えないか、子宮外妊娠などで子宮の中に受精卵がないか、検査薬そのものの間違いか」

改めて、また検査が行われた。結果はマイナスだった。しかも、私の卵巣には卵のカラがいっぱいたまっていて、うまく排卵していないことまでが分かったのである。

私は呆然。ドンはそれを聞きとどけると、

「なあんだ。残念だったね」

と一応言って（ほんとはちょっとホッとしてたように見受けられたが）、先に会社へ行ってしまった。私は排卵を誘発する作用のある薬を処方された。たしかに、もう長いこと生理がなかった。いつものことなので、あまり気にしてこなかったが、そろそろ子どもを、と解禁（！）してからすでに一年以上もたっているのに、いっこうに妊娠しないのはヘンだなとは思っていた。

すっかり妊娠しているつもりになっていたので、なーんだ、ハラん中は空っぽだったのか、と思うと、すっかり拍子抜けしてしまった。次の日に会った沖縄帰りの友人マリちゃ

んが、私のようすを見て、

「なんか、今日のるるちゃんはまぶい（魂）をどっかに落としてきちゃったみたいだねえ」

と言ったくらいだ。自分でも思う以上に衝撃は大きかったらしく、それほどまでに、存在感が薄くなっていたらしい。

排卵誘発剤でアレルギー!!

ところが、排卵誘発剤を飲み始めてすぐのことだった。私が飲んだ二種類の薬のうち、ひとつが体に合わなかったらしく、夜中、手の指先がチリチリとかゆくなった。見ると、指の間が真っ赤になっている。

「かゆいよー！」

と叫びながらなんとか寝付いたのだが、早朝、なんだか太ももがものすごく痒い気がして目が覚めた。見ると、直径30センチくらいにもなる巨大な蚊に刺された痕のようなものが足にできている。

無意識に掻いていたようで、すでに傷だらけだった。

ゲーッ、気持ち悪い！　と驚いて、ドンをたたき起こし、なんだこれは！　ということになった。病院にいこう、ということで病院が開くまで数時間待っているうちに、そのものすごく痒い腫れは右足、左足、お腹と、全身をどんどん移動してゆくのである。

病院にいって、はじめてそれが「じんましん」なるものだと知るのだが、とにかく痒くて痒くて、散々な目にあった。会社は休んだが、「卵巣機能不全を直すために薬を飲んでいてじんましんになりました」とも言えず、なんだか情けない気持ちでいっぱいになった。

いきなり妊娠！

婦人科で薬の種類を変えてもらい、また2カ月ほど飲み続けた。生理はくるようになったけれど、このままずっと妊娠しなかったらどうしよう……と不安になっていた矢先だった。妊娠判定医薬が陽性になったのは。いきなりの展開で、治療中だった婦人科の先生も、

「いやー、どうやら妊娠したみたいで……」

と報告すると、

「ええ？　ちょっとまって！」

とアセっていた。世の中には、子どもが欲しくて欲しくて、何年も不妊治療を続ける人もいる。夫婦そろって大変な思いをして治療した人の話を聞いたこともある。それにくら

べれば、私なんてじんましん程度で済んだのだから、幸運な部類に入るだろう。

それでも、ようやく妊娠が判明したときの喜びは、やはりひとしおだった。

とにかく、世界が違って見えるとはこのことだった。妊娠がわかった次の日、通勤途中に町を歩く人々を見ながら、今まで味わったことのない感覚にとらわれた。なんと、世の中すべてのオバちゃんたちが、「愛しく」感じられたのだ。不思議な気持ちだった。オバちゃんたちを「偉大な母」だと思った。その一方で、地下鉄でくたびれて座ってるどんなオッサンたちも、「地球の子供たち」なのだと思った。みんな、女から生まれたのである。素直にすごいと思った。無からひとりの人間が、生まれてくる瞬間を味わっている。なかなかすばらしい感覚だった。

初めて妊婦雑誌を買ってきて、かわいいベビー服を着たいろいろな赤ちゃんの写真を見たときの気持ちは忘れられない。

その中に、私の赤ちゃんのころの写真によく似た女の子がいたのだ。私の子どもは、女の子だったら、きっとこういう顔をしているに違いない、と勝手に決めつけ、何度も何度もその赤ちゃんの写真を眺めた。男の子だったら、こうだといいな、というハンサムな赤ちゃんも見つけた。そちらもずいぶんと眺めました、ハイ。安定期に入るまでは、お腹の中で元気に育っているのか、毎日毎日心配である一方、生まれてくるであろう我が子のことをあれこれ想像するだけで、何時間でも時間をつぶすことができた。旅行前に旅立ちの日を指折り数えて待つあのワクワク感が、10ヶ月ずーっと続く感じなのである。

妊娠期間のことを、ママになった人たちは、いろんな言葉で振り返っている。私が一番印象に残った言葉は、雑誌で見かけたこんな言葉だった。

「幸せのたまごを身にまとっているような10カ月間でした」

具合が悪かったり、腹が出てくるのが恥ずかしかったり、情緒不安定だったり、手足がむくんだり……と、もちろん毎日ポジティブに暮らしていたわけではなかった気もするけれど、そういうことは、忘れてしまうんですね。

ツワリのときの過ごし方

**妊婦の最初の関門「ツワリ」
この辛い期間をどうやったら
乗り越えられるの？**

「ツワリってどんなふうなの？」と出産未経験の人に聞かれたことがある。「二日酔いみたいな感じ？」というので、その場にいた出産経験者はいっせいに、「ああ、そうだね、近いかも」とうなずいた。

「それはけっこうキツイなあ」と、最初に質問した人は納得。お酒好きの人には、その説明でだいたいの感じは伝わるだろう。悪酔いした翌日の、あのなんとなく気持ち悪くて吐きそうな感じが、ツワリの期間、ずーっと毎日続くのである。

この期間をどう乗り越えるかは、妊娠してからの最初の関門で、太古から妊婦たちの悩みどころでもあったはず。仕事仲間の6人のママたちに聞いてみた。

「英語ではMorning Sicknessというのを聞いて目からウロコ。朝起きると気持ち悪いけど、会社に来ると治った」など、「会社に来るとましになる派」が3人。私も同じ。会社に来て人と話しているほうが、ツワリを忘れられた。

お腹が空かないようにする、というのも一つのツワリ対策として有効のようだ。空腹というのは、二日酔いでも車酔いでも、あきらかに悪い方に作用する。

これに関しては、

「仕事の合間に、梅しそ巻きとかをちょこちょこつまんでいた」

「ちっちゃいお菓子を持ち歩いて、お腹が空かないようにした」

「レモンを小さく切って冷蔵庫にキープし、気持ち悪くなるとお湯に絞って飲んでいた。そうするとけっこう気持ちがよくなった」

などなどみなさん工夫している。

私は、自然のいっぱいあるところに出かけるのが効果的だった。いちばんツワリがひどかったころ、近くの植物園に出かけていき、藤棚の下のベンチで横になり、風がかさかさと葉を揺すって通り抜けていく音を聞いていたら、ずいぶんと気が紛れた。

こう説明すると、なんだか気の持ちようと言われそうだが、そうではないんです！『気持ちの問題だよ』なんていわれると、一番頭に来る」という一人のママのことばに、私も全く同感。

ちなみに、残りの3人のママは、「全くツワリがなかった」そうです。

第2章

意外に長いぞ、妊娠生活

妊娠16〜19週●5ヶ月

映画がツワリを誘発

妊婦も黙る暑い8月になった。妊娠5カ月を迎えたころには、少しばかり食欲が戻ってきたのが、夏バテもあってすぐに食欲全開！　とはならず、一進一退という感じで、日によってはスーパーの精肉売り場を通っただけで気持ち悪くなることもあった。

キューバの亡命詩人レイナルド・アレーナスを描いた映画『夜になるまえに』の試写会に行ったときも、帰りに地下鉄の駅で吐きました、ハイ。

映画は、ゲイの詩人のアレーナスがキューバ政府の執拗な弾圧を受ける話なのだけれど、不思議なことに、ツワリというのは視覚を通してでも起きるのだということがわかった。わかったからどうと言うこともないが。そうそう、サメの脳みそが異常発達して人間を襲って食べるというハリウッドのB級っぽい映画をWOWOWで見たときも吐いたからな。

そんなもん妊娠中に見るな、という説もあるが。

働くお母さんは妊婦に優しい

そんなある日、仕事で、自宅出産の体験記を出版した漫画家、桜沢エリカさんのお宅を訪れる機会があった。彼女も、人気のある大病院での出産に疑問を感じ、自分の望む本当のお産は何かとつきつめた挙句、自宅で生むことを決心し、すばらしい助産師さんとめぐりあって、最高によいお産を迎えることができたという人だ。

彼女は、私が妊娠5カ月で、どこで産むかまだ決めていないと知ると、自分を担当した助産師さんの連絡先を紹介してくれ、さらに、「この本もあげますよ〜!」と「ザ・自宅出産・水中出産」(新泉社)という本をくれた。

この本が、また濃い。助産師さんも呼ばず、夫婦二人でお風呂場で赤ちゃんを産んじゃった話とかも出てくるスゴい本なのだが、それはまた後で書くとして、仕事で出会った「働くお母さん」たちは、本当に優しかったなあと今でもよく思う。桜沢さんも、その後、お産のイベントがあるから、と電話をくれたり、私が無事出産を終えたときには、お祝いにベビー服まで贈ってくれた。雑誌の編集という仕事上、一度きりしかお会いしない方々も数多くいるのだが、それでも、私が妊婦だと知ると、みんな温かい言葉をかけてくれた。

モデルの撮影のときに担当だった小さいお子さんのいるスタイリストさんは、

「妊婦さんなんですか？　わぁー！」

と喜んでくれ、帰り際には、

「元気で生まれてきてね！」

とお腹をなでてくれた。その後も、ファックスの事務連絡にまで、「安産を祈っています」などチラッと書いてきてくれたり。

ある芸能事務所の女性は、ご自分も大学生になる娘がいるとかで、なつかしそうに自分の出産のときのことを話してくれた。

「出産したときは、いままで自分がしてきた仕事っていったいなんだったんだろうって思ったわ。それくらい、クリエーティブ！」

と語っていたのが印象に残っている。

仕事の現場だけでなく、出産・育児を経験した女性というのは、だいたいにおいて、妊婦さんに優しい。出産して間もない、まだ記憶が生々しいお母さんほど、妊婦さんを見るとオオッと興味を示すのではないだろうか。

私が妊婦だと知ると、ずっと連絡を取っていなかった、もう子どものいる昔の友人たちが、次々とメールやら電話をくれた。それはみんな、ちょっと驚くくらいの勢いで、「生まれたら絶対絶対連絡してね!」「新生児の匂いを嗅がせてね!」などと念押しされるので、えー? 私たちそんなに仲良かったっけ? みたいに思うくらいであった。でも、お産を終えてみると、自分もそうなっちゃうんだなこれが。

お産の経験というのはやはり、人生がリセットされるようなキョーレツな体験なので、その体験を控えている人を見ると、

「ああ、この人ももうすぐああいう思いをするのねッ」

と想像するだけで勝手に親近感を抱いてしまう。

自分が妊婦のときは、ハラボテ恥ずかしいし、あまり知り合いと会いたくないし……などと思っていたが、周囲の先輩ママは放っておかない。それは、実家のお母さんであれ、夫のお母さんであれ、お産の先輩としてはやはり同じ気持ちなんだろう。その温度差はビミョーではあるが、どうか、これを読んでいる妊婦さんたちは、そんなうっとおしい先輩ママたちを邪険にしないでね。あまりにも、強烈な思い出なので、ついつい自分のときと

重ね合わせちゃうんです。

余談だが、英語で、妊娠していることを、

「She is expecting.」

という。昔、予備校の英語の先生が、「be expected」と「be expecting」という、過去分詞と現在分詞の形の違いを説明するのに、この例文を使った。

前者なら「彼女は（自分が）期待している」。後者なら「彼女は期待を（周囲の人々に）与えている」となる。

予備校の先生は今思うとたぶん30代くらいだったと思うが、若めの男性講師だったが、

「She（彼女）が期待を周囲に与えている、つまり、これは『妊娠している』ってことなんです」

と説明した。「へぇー。ちょっとナイスな表現だな」と思った私は、なぜかそれがとても印象に残っていて、妊娠した時にはつくづくこの言葉をかみしめた。まさに、妊娠しているというのは、周囲の人々に、期待を与えることなんである。

ジャック・マイヨールのお産理論

さてさて話を戻そう。漫画家の桜沢エリカさんにもらった「ザ・自宅出産・水中出産」という本である。この本には、自然派出産を目指す濃ゆいカップルの体験談がいろいろ出てくるのだが、ちょっと中身を紹介しよう。

以下少々抜粋。――おなかの中の赤ちゃんに、「ごめんネ、あなたはどういう風に生まれたいの？」と聞いてみました。（略）「え？　じゃあパパに取り上げてもらいたいの？」すると大きく「ポコン！」とおなかをけるではありませんか、（略）私たちは「そんなこと、できるのかナ？」と思いましたが、主人は「本人が言ってるんだから、そうするのが一番いいんダヨ」という返事――。

それで、このご夫婦は、お産について助産婦さんの教えを受け、二人でお風呂場にて赤ちゃんを取り上げる。で、へその緒をつけたまま初乳をあげ、その後、胎盤がズルッと出てきたので、風呂桶にとってみたら重さが750グラムあったとか。ウーム、きてるぞ！

この夫婦はまあ極端な例だが、全体的には、母乳育児を推進するために注意することやそのサポートシステムの紹介、海外のホームバース事情や、アロマやイトオテルミー（生命を維持する機能や自然治癒力をたかめることを目指した、温熱刺激による家庭健康療法）

を取り入れて産婦さんの負担を軽くする例など、いわゆる「自然派」のお産を目指す人にはてんこもりの情報が入っている。

なかでも私の注意をもっともひいたのは、水中出産を選んだ夫婦の体験記にでてくるこんな話だった。

今ではもう亡くなってしまったが、あの『グラン・ブルー』で有名なダイバー、ジャック・マイヨールの講演で、妻が聞いてきたという話である。

――水中出産で生まれた子供は、イルカのように争いを好まない優しい人間になるらしい。分娩室で生まれるというのは、子宮の中の一万倍もの光に突然赤ちゃんがさらされることであって、赤ちゃんにとっては大変なショックである。生まれてすぐの赤ちゃんはへその緒を通してしばらく呼吸しているのであって、すぐにへその緒を切ってしまうのも、お医者さんの都合であり、赤ちゃんのペースを完全に無視している。水中で生まれれば、そんなこともなく、ごく自然に母胎から新しい世界に移ってこられる――。

水中出産は、産婦さんの痛みを軽減するだけでなく、赤ちゃんにとって、とても望ましい生まれ方なのだというのだ。その証拠に、水中出産で生まれる赤ちゃんは、苦しそうに泣くこともないのだとか。

禅の世界のようなマイヨールの世界観はともかく、リゾートでたまにしか潜らないけれど一応ダイバーな私としては、なんとなく感覚としてわかるような気がした。

ほー。と感心しながらページをめくっていくと、おおっ！　私が助産院に紹介されて、検診を受け始めたT産婦人科のT院長先生が登場しているではないか！

私の通う病院が載っている！

T産婦人科はこんな風に紹介されていた。

「水中プールを備え、24時間母子同室。粉ミルクを与えず、母乳育児指導で母乳の出ないお母さんは一人もいない。食事は七分づきのお米と菜食でとってもおいしい――」

実際は、すごく建物は古いけどな！　と思いながらも、改めてこうやって聞くと、いい病院じゃん。などと再認識しつつ、T院長のインタビューを読んでみた。

「お産が異常なく進んでいるかぎりなるべく介入しないで、産む人ががんばれるような環境作りをすること。一方、異常は早く発見して、すぐに対応できること。それがわたしたちの役割だと思っています」

「〝優しい自然分娩〟とどういうかたちで提供できるでしょうか。(1)分娩に適した優しい環境をつくる。医師、助産婦は五感をフルに使って異常の予見に努める。なるべく器械に頼らない（2）異常の認められないお産には介入しない（3）異常（恐ろしい自然）には速やかに対応できる態勢にある」

「お産は男性が介入するとこじれると言う人がいますが、わたしも或る程度この意見に賛成ですのでわたしの所では、なるべく助産婦さんに中心になってやってもらっています」

出るわ出るわ。私の心ワシづかみの言葉の数々。院長先生、なんてステキ！　ダンディなだけじゃなかったのね……。ちょっと無愛想だけど。

さっそく次の検診にいったとき、私は院長先生に、

「私、水中出産について興味あるんです。で、先生の書いた本を読みました！」

と報告してみた。いつも無愛想な先生はピクッと片方の眉を上げキラリ、と目を光らせて私を見た。

「どの本？」

と聞くので、

「自宅出産・水中出産とかいう……」

私が正式なタイトルを思い出せず、しどろもどろになっていると、

「ああ。あれは、私が書いたんじゃなくて、ライターさんが聞きに来て書いたものでね…

……」

となんだか、言い訳っぽい感じでいうではないか。

そして、

「こっちを読んでみてください」

といそいそと後ろの書類棚から、医学専門誌の抜き刷りをくれた。

「ここにね、いろいろ書いてありますから」

無愛想な先生にしては珍しく、ちょっとうれしそうだった。前回に、「助産院も考えていて……」とチラと話したときは、先生は「そう」と返事をしたきりで、(ふーん、ウチでは産まないのね?)といわんばかりのそっけなさだったので、やっぱり、自分の病院で産むという妊婦さんのほうが診がいもあるってもんだよねえ……などと妙に納得した。

ちなみに、先生が、件《くだん》の本に登場していることをなんとなく積極的に言いたくないのには、理由がある。あとで気がついたのだが、病院の待合室には、こんな厚生省の通達がドーンと貼ってあった。

「緊急母子保健情報(1999年12月のもの)自宅などで医師や助産婦が介助しない出産等は危険!! 最近、妊婦の皆さんに、健康診査を受診しないことや、自宅において、医師又は助産婦が介助しない中、分娩することを勧めたり、いわゆる24時間風呂の中で水中分娩することを勧める団体があることが報道されていますが、こうした健康管理や分娩方法は適切ではありません……（略）いわゆる24時間風呂の中での水中出産は、レジオネラ菌に感染する可能性があり、こうした出産で生まれた新生児がレジオネラ菌に感染し死亡した例が報告されています」

この厚生省の通達は、自宅の24時間風呂での水中出産を奨励し、妊婦検診や医師・助産師のお産への立会いを拒否することを勧めていたという大阪の「育児文化研究所」に通っていた妊産婦の赤ちゃんが、レジオネラ菌に感染して死亡したという悲しい事件を受けて出されたものである。近代医学を否定し、「自然なお産」をつきつめてくうちに、精神世界に入っていってしまう一派というのが少なからずあるのは残念なことだ。

先にあげた「ザ・自宅出産・水中出産」という本もそうだとはいわないが、「夫婦二人で自宅で出産！」という体験記を載せてしまったことで、本全体のトーンがヤバくなってしまったのは否めない。問題なのは、自宅出産や水中出産そのものではなくて、「医師や助産師の介助なし」だということなのであるが、この点が混同されてしまいがちだ。

私がT産婦人科に妊婦検診に通っていたのは２００１年のことだから、１年以上前のこのような厚生省の通達を目立つところに貼っていたのは、院長先生なりの配慮だと思う。

この病院は、できるだけ自然なお産をしたいと考えるお母さんたちや、自宅出産を介助する開業助産婦さんたちを支えている、その筋では有名なところだ。医学的な側面からも妊産婦の安全を最優先に考えて、早くから水中出産に取り組んでいる院長先生としては、件の本に登場しているからといって、まるで「夫婦二人で迎える出産！」を推奨していると思われるのは、まったくもって心外だっただろう。

水中出産のリスク

で、先生が「こっちを読んでください」と出してきた医学専門誌の記事のほうを、じっくり読んでみることにした。

T院長先生が最初に水中出産で赤ちゃんを取り上げたのは1988年のこと。それ以来、(99年の段階で) 250例近く経験したという。基本的に、「中等度以上の妊娠中毒症がある」「子宮内発育遅延がある」場合は、水中で産むことはあきらめてもらう。バースプールに、37度前後の食塩水を張って、産婦さんに入ってもらう。陣痛の合間に産婦さんがいきんでいて、プカプカとうんちが浮いてきてしまったりすることもあるらしい。うーむ。

先生は「なにくわぬかおで用意してある網ですくいとります」とお書きになっている。

で、やはり生まれてきた赤ちゃんはあまり泣かないのだそうだ。水中に顔を出してあたりをふしぎそうに見回しているようにみえたりするという。赤ちゃんは、水中で苦しくないのだろうか？　という疑問がわくが、生まれる前に赤ちゃんが低酸素状態に陥っていない限り、水中でむせて水を飲んでしまうことはないらしい。それを、自然にのどを絞めて、呼吸を止める「ダイビング反射」というのだそうだ。よくできているものである。

それまでにT産婦人科でとりあげた250例の中で、唯一、母子ともに、感染症にかかってしまった例が1件だけあったという。分娩が長引いて、12時間以上もプールに出たり入ったりを繰り返し、それでも産婦が水中で生むことにこだわったため、あきらかに水が混濁してしまった。幸い抗生剤が効いて事なきを得たが、それ以来、水の使用はせいぜい3～4時間に留めているそうだ。水中出産の場合、たった250例中1例しかなかったとはいっても、外で産む場合には問題にならない感染症というリスクを背負うことになるというのは、なかなか重要な情報だ。

水中で産みたかったけれど、分娩に時間がかかり、吸引や帝王切開になってしまった人がいることもきちんと書かれていた。

なかなか大変だな。いずれにせよ、院長先生のお産への姿勢がよくわかり、私にとっては収穫だった。助産院で畳の上で産む……という私の当初の希望と同じくらいの強さで、「T産婦人科で水中出産」という希望が新たに加わることとなった。

軽井沢の夏休み

夏。カーッと暑くなると、海水浴、セミ採り、スイカ、浴衣に花火（TUBEか？）……とにかく、形を大事にする私としては、夏を彷彿させるアイテムをとりそろえないと気が済まない。そうなると、欠かせないのは「夏休みの旅行」である。

これを読んでいる皆さんの中にも、今年の夏は、お腹も大きいし、とか、あるいは赤ちゃんが生まれたばかりで、とか、どこか遠出したいけれどできなかったという状況の人も多いのではないだろうか？　とはいっても、今ではボテバラ抱えて海外旅行に行く妊婦さんもけっこういるので、なんだかんだ言って夏休みを楽しまれているのかもしれないが。

私の知人にも、妊娠中にオーストラリアのビーチに行き、

「もう、妊娠のせいでバーンと巨乳になっててさ。ビキニが似合っちゃったのなんの」

と自慢していたママもいた。

ちなみに、私も妊娠中の夏休み、海外に行きたくてウズウズしていた。安定期に入って、自分的に「旅行解禁！」を勝手に宣言した8月には、海外の滞在型リゾートで一週間くらいゆっくりしたい、と、バリやらハワイやら、たくさんパンフレットをもらってきて、これもまたトイレに積み上げげて検討しまくった。ちなみに、海外の高級リゾートでゆっくり過ごそうと思うと、アカンボがいては致命的である。なかには堂々とアカンボ禁止を掲げているというところもある。

そうなると、そんなスカした大人向けリゾートに夫婦水入らずで行けるのもこれが最後かもしれない。せめてアカンボがお腹の中にいるうちに、最後の二人の時間を楽しもうと、いろいろ計画だけは練ってみたのである。でも結局は無理はやめようという大人の判断になり、軽井沢と白馬に2泊ずつという国内旅行に落ち着いた。

そうはいっても、解禁早々、4泊の強行軍はなんだかけっこう大変だった。

まず軽井沢で泊まったところが400室以上もある完全にファミリー向け巨大ホテルで、とってもベタな感じ。いちおう大きなスパ施設があるのだけれど、なにしろ夏休みで満室という状況なので混んでるのなんの。

私は温泉が好きだけれど、混んでいる風呂は嫌いだ！　小さな子供たちが叫声をあげながら走り回り、「オマエ、オシッコしただろう?」とツッコミたくなるようなお風呂の濁りぶりである。

食事もすごい。だだっ広い宴会場が巨大なバイキングレストランと化し、あまりの人数に、ホテルの従業員も、お皿の片づけや机を拭いてきれいにするのが追いつかない。もちろん、おいしい郷土料理などは期待できず、ソーセージやらオムレツやら、会費の安い立食パーティーの料理みたいなものだ。

子どもがいると、こういう宿泊施設の方が、いろいろと気を遣わなくて楽だということにそのときは思い至らなかったので、

「子どもが生まれたらこんな感じの夏休みになるんだろうね……」

とちょっとふたりでブルーになった。おかしいな。夫婦二人の最後の休日を楽しむというコンセプトだったのに、なんで子連れ旅行の予習みたいなところに泊まってるんだ?と何度も疑問を反芻した。ま、ホテル選びを間違えたのね。迷いすぎてギリギリになってしまい、こういうところしかなかったのよ。

おまけに軽井沢は、東京からほど近いせいもあって、どこへ行っても東京のようにごったがえしている。

なんだかウンザリ続きのようだが、おもしろいのは、ちょっとコースを外れると人に全然会わないことだ。たとえば、有名な白糸の滝のまわりには、とうもろこしを焼いているおみやげ屋さんの横に観光バスが何台も乗りつけていて、滝をバックに記念写真を撮ろうにも、長いこと順番待ちしなければならないほどの混雑ぶり。

でも、車で白糸の滝からほんのちょっと行ったところにある自然探索道や、カラマツ林の奥にある竜返しの滝では、ほとんど人に会わなかった。

溺れそうに深い緑のなかを、ホトトギスやセミの鳴き声だけを聞きながら歩くのは気持ちよく、脳からα波がドーッと出てくるのを感じ、はあー、来てよかった、と思った。

浅間牧場へも寄ったが、牧場奥の「クマ出没注意」という看板のある森の散策道までは来る人もあまりなく、草むらに腰を下ろして、ドンと二人ではるか遠くを歩く人の話し声に耳を傾けた。とっても静かだった。妊婦としては、よく歩き、α波がたくさん出るこういう時間は大事なのである。

旅行3日目、軽井沢から白馬へ移動する途中、思い立って、長野の善光寺に寄ることにした。「遠くとも一度は詣れ善光寺」といわれ、すべての人に極楽浄土を約束する寺として、江戸時代には全国から大勢の参詣客で賑わったというこの寺を訪れるのは、私のかねてからのあこがれでもあった。参道はとてもにぎやかで、おみやげ屋がところ狭しと建ち並び、修学旅行に来たようなワクワク感が湧いてくる。

デジカメで写真を撮っては、

「どう？　妊婦に見えない？」

などとまだお腹が目立たないのを確認したりして、安産のお守りもドンに買ってもらい、私はご機嫌。本堂の床下に潜り真っ暗闇を歩く「お戒壇めぐり」もして、すっかり満足して長野を後にした。

そこまではよかったのだが、そこから白馬に向かう道の険しいこと。日本中部の山岳地帯をあなどってはいけない。にょろにょろ道を走っていく車の後部座席で、私はすっかり気分が悪くなってしまい、ずっと横になっていた。

妊婦の山登り

旅のクライマックスはなんといっても、次の日にロープウェーで登った白馬山麓にある栂池自然園である。そもそもこの旅行中、ずっと天気はいまひとつだったのであるが、標高1800メートルにある自然園まで登ったときには、霧が立ちこめて小雨のパラつくかなり怪しい天気になってはいた。

「妊婦として、これ以上登ってもいいものだろうか？」と思いつつ、「木道も完備され、気軽に楽しめるトレッキングコース」とのうたい文句を信じ、入場券を買って中に入った。

それにしても、すごい霧である。点在する湿原の中を、ニッコウキスゲやシナノキンバイなど、高山植物が所々に咲いてはいるが、全体像は見渡せない。木道がとぎれるところは、石のごつごつした山道で、そのうち雨がひどくなり始め、道がぬかるんできた。

すれ違う人に、

「まだ先は長いですか？」

と聞くと、

「ぬかるみがひどくて途中で戻ってきた」

と答えるではないか。

ドンは、自分は傘を差し、私には、

「手がふさがっていると危ないから」

とビニールの雨合羽を手渡した。合羽を着込んで、私はだんだん無口になっていった。

泥の山道や濡れた木の階段を、なんとか滑らないようにしながら、コース半ばのトイレのところまで来たとき、雨に濡れそぼった妊婦の私は突然キレた。

「こんなんで転んだらどーすんの⁈」

私は猛烈に怒っていた。しとしとと降り注ぐ雨と、いっこうに晴れずに景色を妨げている霧にも腹が立つし、歩きにくいぬかるみに注意しているだけでヘトヘトになってしまっているところに、すれ違うのも狭い道をどんどんやってくる人の多さにも腹が立つし、何よりもこんな危険な道を、「もう危ないからやめて帰ろう」と言い出さずに、あてもなく登り続けるドンにもっとも腹が立っていた。そう、ヤツあたりである。

トイレの前にあったベンチで、濡れ合羽を羽織って、怒りと疲れのあまり無言で座っている私を見て、

「るるさん、ボロボロ！」

とドンは腹を抱えて笑い、その様子を写真に納めているではないか。そのノー天気ぶりに怒り倍増。

まったく、なんだってんだ。こんな道を滑って岩に尻を打ち付けでもしたらどうする⁈　だいたいこんなとこまで登って来ちゃって、どうやって降りるんだ！　と、腹の中で叫ぶも、声に出す元気もないのであった。さすがに、中腹より先に登るのはあきらめ、

這々《ほうほう》の体で、なんとか来た道をそろりそろりと滑らないように戻り、入り口のビジターセンターが見えてきたときには本当にホッとした。

後で調べたら、自然園のトレッキングコースは全部で5・5キロなんだそうだ。そりゃ長いわな。しかも山道あり。妊婦の散策は晴れの日にしましょう。

初めての胎動？

もうひとつ、この旅で思い出深いのは、軽井沢のホテルで朝、初めての胎動を感じたことだ。ベッドに横になっていて、お腹の奥がチュルッと動いたような気がしたのだ。

「あれ？　動いたかも！」

私は言い、もう一度動くのを待った。が、その後はほとんど動きらしいものは感じられなかった。最初は腸が動くのと区別がつきにくいというが本当である。

「どれどれ」

とドンがお腹を触ってみるが、私ですら赤ちゃんかどうか自信がないほどの弱い動きで、ドンが手で感じられるはずもない。

「本当にアカンボが動いたの？」

「わからんけど、そうかも」

「ふーん」

あ、信じてないな、ドン。

ドンは、私が妊娠して以来、妊娠本の通りにオレンジジュースが飲みたくなったりツワリで吐いたり情緒不安定になっているのを見て、

「本を読んで暗示にかかっているのではないか？」

と真剣に言っていたことがある。

バーロー！　これまでの何千年（何万年？）にわたる妊婦たちの経験と知識の積み重ねと、それを裏付ける医学的根拠によって、こういう本は書かれてんだ！　気のせいじゃないんだぞ！　そりゃ、私は多少思いこみの激しいところがあるのは認めるが……。

このときのアカンボは、だいたい体重が２００グラムくらい、体調は25センチくらいだったらしい。軽井沢に行く前に病院に検診に行ったのだが、そのとき、超音波で小さな心臓がトクトクと早鐘のように打っているのが見え、横を向いているのがはっきりとわかった。横顔が私に似ているような？　うふ、カワイイー？　と何度も眺めた超音波写真。これを他人に見せる人がよくいるが、他人から見たらただの白黒のマダラです。でも、本人

はこのマダラがかわいくてたまらんのですね、これが。

妊婦にあるまじきアホな振る舞い

妊婦なのに無理をしちゃった話をいくつかしてみよう。どれくらいの無理が許されるのか少しは参考になるかもしれない。といっても、二人目三人目の妊娠中ママなどは、ハードな育児をこなしながら妊婦をやるわけで、「よく無事生まれたよなあ」と後で思うようなアホなことを好きこのんでやってしまうのは、一人目の妊娠中の特権(?)だろうな。

まず、妊娠6ヶ月に入らんとする頃に、東京ディズニーシー、オープニングの日のご招待入場券を会社の同僚からもらい、「これは行くしかない!」と出かけていったのだ。

いちおう妊婦なので、激しい乗り物は避け、ゆっくりと深海を模した空間を潜水艦で進む海底二万マイルやパーク内を走る蒸気機関車、巨大なメリーゴーランドやベネチアのゴンドラなどにの〜んびり乗った。

ゴンドラに乗るときなどは転ばないように気をつけつつも、思ったより小さな地中海風人工入り江の水面を、まだ慣れてないせいか、初々しい漕ぎ手のお兄さんの口上を聞きながらスイーッと走っていくとき、「これって楽しいのか?」と自問しなかったといったら嘘である。

あー、もっと刺激のある乗り物に乗りたい……と見回していたら、「ストームライダー」というのがすいていた。映像の画面と椅子の動きが連動している、ディズニーランドにおけるスターツアーズのようなアトラクションと思われた。

入り口のところで立っているスタッフに、

「妊娠6カ月なんですけど乗っていいですか〜？」

と聞くと、その女性はあんぐりと口をあけて、

「い、いえ！　だめです！」

と、なんとか答えていた。かなりアセっていたようだ。

「チッ、だめか」

とあきらめつつも、とりあえずちゃんと確認をとるところが私のフツーなところである。

通りすがりの鼓笛隊の音楽を楽しんだり花火を見たり、おみやげもくまなく物色し、足が棒になるまで遊びまくった。ま、これくらいは並ですよね？

同じ月の終わり頃には、伊豆の北川温泉へ旅行した。海が見える貸切露天風呂のあるステキな旅館だった。夜、夫のドンと共に露天風呂に入りながら、ヒノキの浴槽でちょっぴ

り膨らんだ腹を水面に出して仰向けに浮かび、キンチョウリキッドの山瀬まみのカッパになって、スーイスイとやったのは、きっと私だけではないはず。

そうそう、妊婦は温泉に入ってはいけないって、誰が言ったんだろう？　確かに温泉では、「入浴上の注意」などの張り紙で、禁忌症の欄には「妊娠中・特に初期と末期」と書かれていることが多い。でも最近の妊娠・出産本では、そのあたりは緩やかに書いてあって、

「妊婦さんの気分が晴れるなら温泉もいいでしょう。ただし露天風呂などで滑らないようにくれぐれも注意して」

といった調子で大目にみている。

これは最近の傾向で、今では飲酒でさえ、

「ビール一杯くらいなら大丈夫」

などと書いてあったりする。あまり自分をあれもダメ、これもダメ、と追い込まず、おおらかにかまえて、妊婦さん自身が気持ちよい状態でいることが何よりも大事、と考えられるようになってきたからだ。まったく、妊婦に優しい時代になったものである。

ほんとの最後の二人旅行は

自分のやりたいことをするのが精神衛生上大切という理由づけのもとに、温泉好きの私は、もうじき妊娠9ヶ月になろうという11月後半にまた、湯河原温泉へのこのこ出かけて行った。そんなにハラボテなのにまだ旅行するか？　と自分でも思うが、これまた温泉がこの旅の主目的ではなかったのである。何を隠そう、私たちは湯河原まで「しし座流星群」を見に行ったのだ。

これはやはり妊婦にとってはちょっとばかり強行軍であった。なにしろ流星雨が見られるのは深夜である。あたりまえだが。

お風呂に入ってからちょっと寝て、2時ごろ車で湯河原の街を見下ろす標高814メートルの星ヶ山公園へ向かった。ちなみに、星ヶ山公園という公園が湯河原にあることは来てから知った。昼のうちにくまなく車で下見をして、星の見えそうなスポットを探したらちょうどこんな名前の公園が山の上にあったので、

「こりゃあつらえたように天体観測にピッタリだ！」

と行ってみたのだ。

星ヶ山公園は、晴れた昼には真鶴半島や伊豆半島を一望の下に見下ろせる広い原っぱ。

星を見るには絶好のスポットだけあって、やはり大勢の人々が流星群を見にやってきていた。

中にはエンジンを吹かしまくる若者、肝だめしまがいのことをやってる男女の集団等々、真っ暗闇の原っぱで、大勢の人の気配ばかりがざわざわと立ち込め、妙な感じだった。

非常識にも車のライトをカーッとつける人もいて、

「ライト消してくださーい」

などと注意してしまったりして、私もやる気満々である。

で、結論からいいますと、その年の流星雨は、ほんとにすごい規模だったのだ。それまで何年かにわたって毎年11月になるとしし座流星群の話題がでてはいたが、その年は最後の大接近といわれていた。そして期待通り、大きな火球があちこち飛び交い、多いときはいっぺんに4つも5つも星が流れるのだ。いちばんすごいのは、シューッという音とともに大火球が尾を引いたのだ。流れ星が音を出すんですよ?!　ホンマかいな！

この天体ショーには非常に感動したのだけれど、なにしろ11月も半ば。夜中は寒いのである。毛布のようなコートを着込んでも足元からしんしんと冷え、4時ごろまで星に見とれていたら体の芯まで冷え切ってしまった。

さすがにドンが何度も「やばいよ、るるさん、もう帰ろうよ」というのだが、私はまだ見ていたくてずいぶんとがんばってしまった。このときの話になる度に、ドンはわが子に向かって「よく無事生まれてきたなあ。えらいぞ」としみじみ話しかけるのである。

妊娠20～23週●6ケ月

お腹をポコーン

9月になり、妊娠6カ月に入ると、8月はじめに信州へ旅行したときに初めて感じた胎動らしき動きがだいぶ強くなり、「これぞ胎動でなくてなんだろうか？」というくらいになった。ごにょごにょ……という腸が動く感じだったのが、「ポコーン！」と蹴る感覚に変わったのだ。最初にお腹の壁を蹴られたのを感じたときは、なかなか感動的な瞬間であった。

動き始めた胎児に、ドンは名前を付けた。

「ワールドカップの年に生まれるからカプ男だな！」

ということで、

「カプ男～！」

とふたりでお腹に向かって話しかけた。勝手に男の子ということにしてあった。

その頃には、さすがに「ちょっと太った？」というレベルよりさらにお腹周りが太くなってはいた。が、会社で久しぶりに会う人が、誰も「おめでた？」と言ってこないのがかえって不気味であった。単なるデブになったのか、おめでたなのか、見た目では判別しにくかったのだろう。

事情を知らない、たまにしか会社の廊下で会わないような人たちは、

「あー、ひさしぶりー」

などと言ってジロジロと全身を見るのだが、私の体型のことにはあえて触れずに、

「じゃあまた」

と去っていく。そのたびに私は、

「デブじゃないの、妊婦なのよお〜」

とカミングアウトすべきかどうか悩んだ。

あとで聞けば、同じフロアの男性同僚の中には、私が産休に入るまで、

「橋上さんって最近すごく太ったな」

くらいにしか思ってなかった人が大勢いたそうである。

その頃、以前同じ部署にいた同僚たちが私のお祝い会をかねて集まろうということになり、銀座で久しぶりに男女6人が集まった。

「橋上さんの腹の出具合が楽しみだな〜」

など私の登場を心待ちにしていてくれたらしいが、待ち合わせのお店に入っていったら、友人男性の一人は、

「おおッ？　全然変わらんな！　お前って、昔からそんな感じだったもんな？」

などと失敬なことをいきなり言うではないか。

確かに、お腹の出具合というのは、人によって本当にさまざまである。それも、もともとデブだと目立たないかというとそんなこともなく、痩せていても臨月までほとんどお腹が目立たない人もいるし、もともと太っていてさらにお腹がすごく出てしまうひともいる。私の場合は、ツワリで3キロ体重が減って、6ヶ月頃まできてようやく元の体重に戻ったくらいだったので、それまでは体重的には本当に優良妊婦だったし、もともと胸板も厚いのであまり目立たなかったようだ。

そんな私も臨月にはものすごいお腹になってしまうのであるが、それはまた後で詳しく書こう。

お灸教室

さて、K助産院で産むなら、いいかげんにそちらの検診にも通い始め、来年予定日の2月あたりの予約をとらなくてはいけない時期にきていた。ちょうど仕事が忙しく、なかなか思うように時間が取れなかったが、なんとか9月の半ば、電話でお灸の教室を毎週やっていると聞いて、その日にK助産院を再訪する機会ができた。

教室開始の10時に助産院を訪れると、畳の部屋に妊婦さんが8人ほど集まって、あぐらをかいたりしていた。フルタイムで働いているため、まだあまり妊婦らしい世界に触れていない私は、そんなにたくさん妊婦さんたちが和気あいあいとおしゃべりする空間に身をおいたことが無かったので、妊婦せいぞろいの風景にすっかり圧倒されてしまった。

お灸の先生は60代くらいの女性。妊婦さんのひとりは2歳くらいの上の女の子を連れてきていて、部屋の中にはあわせて10人が座っているのだが、でも本当はX線でみると18人いるんだよね？　とか考えると人口密度の高さに呆然としてしまい、なにか空気が足りないような感じがして一人でアプアプしてしまった。

妊婦さんのひとりが連れて来ていたその女の子は、もちろん皆の注目の的である。しかも、お腹がすいてしまったらしく、お灸教室の途中で、

「ごはん、ごはん」

とぴょんぴょん飛び跳ね始めた。

その仕草がかわいらしくて、周りにいた私たちはいっせいに顔をほころばせ、その様子を眺めていた。お灸の先生は、

「かわいいわねぇ。こんな様子を見ていると、早くお腹の赤ちゃんに会いたくなるでしょう？」

とにこにこしながら言った。とはいえ、私としては、かわいいとは思いつつも、二年後にはこういうことを主張するようになる物体が、今自分のお腹の中にいるという実感がもうひとつ湧かないのであった。

そのお母さんが言うには、

「長女のお友達のお母さんたちといっしょにおしゃべりしていると、子どもを連れてみんなで気軽にマクドナルドとか行くんですよね。私はファーストフードの味は覚えさせたくないので、お付き合いとは思いつつも困っています」

そして、ステンレスの保温式の水筒から麦茶をついで飲んでいた。

お灸の先生は、

「そうねえ。赤ちゃんにも、昆布とかつおだしでとった味を食べさせていれば、濃い塩味なんかつけなくても、本当においしいってことが分かっていくのね。そういうものを食べさせたいわね」

などと応じている。周りのお母さんも熱心にフムフムとうなずいている。

お灸の教室などに来るだけあって、なかなか意識の高いお母さんたちである。正しい妊婦から正しいお母さんになるのもなかなか大変そうだな……と思いつつ、私もメモなどをとる。

ところで、私はお灸というものは初めてだった。初めにそれぞれ自己紹介したのだが、8カ月や9カ月などけっこう週数が進んでいる人ばかりで、「逆子《さかご》を直したいんで……」とか、「便秘がひどくて痔になってしまった。便秘を治したい」など、けっこう切羽詰った悩みでいらしていて、私のようにとにかく体にいいと思って来てみた！　などという人はあまりいなかった。しかも、

「いやー、昼夜逆転の生活が続いていましてね。赤ちゃんに悪いとは思いつつ、ひどいときは朝方帰ったり……」

などと自己紹介のとき私が話したら、シーン！　という感じで静まり返ってしまった。

お灸の先生は絶句していた。

ちなみに私の隣に、あきらかにふくよかな妊婦さんが座っていて、その方は9カ月になるのだが、足が大変にむくんでいて（見るからにサリーちゃんの足なのだった）それを直したい、などと話していたのだが、お灸教室の後、先生は、

「一人、昼夜逆転の生活をしているっていう妊婦さんがいて、大変にむくんじゃっていてとっても困った方なんだけど、その方、検診受けて帰ったかしら？」

などと助産師さんに大きな声で話しているのが聞くともなしに聞こえてしまった。私は（聞こえてるよ……）と思いながらも、私の隣の人といっしょくたになってるなー、と苦笑してしまった。

で、お灸である。ちゃんとしたお灸というのはスポンジ状の生成り色の繊維のカタマリのようなモグサを、ほんのすこしだけツボにおいて火をつけるのだが、これがなかなか高度な技術を要するのである。安産のツボというのは、両足の内側のくるぶしの上、指四本分いったところあたりにある三陰交というところで、ここにモグサを耳掻き山盛り一杯分くらい積んで、火をつける。

もぐさが燃えるとお香をたいているようななんとも言えない香りがして、それだけでも

癒される効果があるという。しかし、初めて経験する人にとっては、モグサが燃え進んでいって、最後のほうは「あちちちち！」と必ず声をあげてしまうほど、かなり熱くてキーンと痛く感じる。先生はそれがいいのだと言うので、皆、あちちちち！　とくるぶしを握りながら我慢した。

先生によると、この三陰交というところにお灸を据えると、母胎の血液や羊水の健全化にいいだけでなく、逆子がくるりと直ったりするのだという。生理不順など子宮系の不調全般に効くというツボらしく、逆にあまり早い時期から刺激しすぎると流産の恐れもあるというのだからなんだか効果絶大の感じである。

初めはほんの少しのモグサを燃やす。お産が近づいて胎児が大きくなるにつれてどんどん量をふやし、刺激を強くしていく。それによって、子宮へダイレクトに働きかけ、安産になるのだという。私はすっかり感化されてしまい、簡単にお灸を据えられるようにプラスチックの筒に入った簡易版のお灸セットを教室の後に購入してしまった。

お灸教室が終わった後は、自転車で20分近くかかる距離をチンタラ走って40分くらいかけてゆっくり帰った。ところが、家に着いたらめちゃくちゃ疲れてグッタリとしてしまい、会社を休んで横になって、そのまま二時間ほど寝込んでしまった。お灸したことと関係あったのかもしれない。その日から、朝晩家の中でモクモクとお灸を据える日が始まった。

オッパイ拝見

ついでといってはなんだが、せっかく訪れたこともあり、助産院で「2月にはできればこちらで出産したい」と言って検診をしてもらった。検診の部屋は急な階段を上がった二階の和室で、おそらくベビー用品メーカーから送られてきた新生児用グッズの詰まったサンプルセットやいろいろな器具が所狭しと並んでいた。

30代位のめがねをかけたテキパキとした助産師さんに、その中にある簡易ベッドのようなところに横になるように言われ、お腹を触診してもらったり、胎児の心音を聞く機械を当ててもらったりした。ジャッジャッジャッと小刻みに、カプ男の心臓が音を立てているのが分かった。

「お乳を見せてください」といわれ、ドギマギしながらお乳を見せた。赤ちゃんに母乳をあげやすいオッパイかどうかをチェックするのである。

こういう指導は、確かに病院ではいっさいしてくれなかった。私自身は、勝手に自分のことをいいオッパイだと信じていたので、当然ほめてもらえると思って誇らしげに見せた

のだが、助産師さんは、クイクイと乳首をつまむと、

「うーん！　固いですねえ」

となった。

こんなに固いと、母乳をあげ始めたときに乳首の先端が割れてしまい、大変なので、とにかく塩水を含ませたガーゼなどでマッサージするようにと言う。

そうなのー？　と半信半疑だった私はその後もマッサージを熱心にすることはなく、結果、大変な目にあうのだが、それはまた後日の話である。

何か気になることはないかと聞かれ、

「ウチの母は帝王切開で……」

と、前に見学にきて院長先生にしたのと同じ話をその助産師さんにもう一度した。

すると、あきらかに驚いた顔をして、

「それは、ぜひ整体に行って、骨盤の形を見てもらってください。もう6カ月だし、一刻も早くいったほうがいいです。つ・よ・く（と強調し）勧めます！」

と言うではないか。

助産院では、リスクの大きいお産は基本的に引き受けない。もちろんそのことは分かっ

てはいたけれど、改めて強調されると、やっぱり無理なのかなとヘコんできた。とにかく妊婦用の整体の治療院を紹介してもらった。

妊婦整体

それから数日後、助産院で紹介してもらった整体の先生の治療院に行ってみた。

整体は、数年前、伊豆の断食道場で一度やってもらったことがある。そうそう、その断食道場に行ったのも、体重を落としたいというのが第一目標であったのはもちろんだけれど、「断食すると妊娠しやすくなる」という通説にちょっと期待したのもあった。結果的にはそれから二ヵ月後にめでたく妊娠したわけだが、断食以降まったくもとの生活&もとの体重に戻っていたので、それはただの偶然と思われる。

で、そのときには仰向けになったりうつぶせになったりして施術されたわけだが、もうじき妊娠7カ月目を迎えようという妊婦の私には、いったいどんなふうに整体をするのだろう？　と興味があった。

治療院は、マンションの一階にあり、看板も手作りの小さなものが目立たないところにかけられているだけ。知る人ぞ知るという感じであった。ドアを開けて名乗ると、「どうぞー」と奥の部屋から声がかかった。戸を開けると、中央にマットが置かれただけの何もない部屋に、ラフな服装の中年の女性が待っていた。

私は、助産院で、母親がCPDで帝王切開をしており、私にもその疑いがあるかもしれないので、骨盤の形を見てもらうよう言われたことを説明した。

先生は、ふんふんとうなづき、マットに横向きで寝そべるように言った。

背骨を注意深く触っていき、ゆがみをグイーグイーと押して直しているのが分かる。けっこう気持ちいい。私はふと思い出し、声に出していってみた。

「そうそう、私って、腰椎が6つあるんです」

「え？」

先生は何をこの人は言い出すのだろう、と驚いた顔をして、

「そんな人はいません」

と力強く言い切った。

その全否定ぶりに今度は私が驚いてしまった。骨のプロだから、それを言えば、私の腰痛の状態が分かると思って言ったのに。

20代の半ば、腎臓を患って入院したときのことである。私は、下腹部のレントゲンを撮

影されるために台の上に横になっていた。すると、現像されて出てきた私のフィルムを見ながら、隣の部屋でレントゲン技師たちが「おおっ」などとザワザワどよめいているのが聞こえた。

「え？　何？　私、何か病気？」

と心臓バクバクで、その技師が戻ってくるのを待っていると、ガチャリとドアを開けて戻ってきた彼は、

「あなたは腰椎が6つあります！」

というではないか。私はポカン。

「腰椎って何ですか」

とアホの子のように聞くと、

「腰の骨です！」

という。

ちょっと説明すると、人間の背骨からはひゅーっと肋骨が伸びていて心臓などの胸の部分を守っているわけだが、肋骨の一番下の骨が出ている背骨（つまり胸椎）の下から背骨の付け根までの部分を腰椎という。つまり、屈伸などをするときに曲がる部分ですね。

私は、

「ふつうの人はいくつあるんですか?」

とそのレントゲン技師に聞いた。彼は、一呼吸置いて、

「ふつう、哺乳類は5つです」

というではないか。なにー? わしは爬虫類か?

「何万人(何千人といったかもしれない)に一人くらいいるんですよ、こういう人が。ウンタラカンタラ(聞き取れなかった)という学名もあるんですよ」

という。

私は驚いてしまった。自分の体の中の見えない部分に、なんだかしらんが貴重な現象があるらしい。

「なにか日常生活に影響があるんですか?」

と一応聞くと、

「そうですね、腰痛になったりすることもあるらしいです」

そうか! 私は我が意を得たり、とばかりに、だから腰痛があったんだわ、気のせいじゃなかったんだわ、と興奮した。病気じゃないか? 病気じゃないか? とモンモンと悩

み続けて病院に行き、医者に「病気です」といわれてやっとほっとする人がいると言うが、そんな感じか？

ところが、その整体の先生は、私がそのことをいくら説明しても、

「そんなことはありえない」

と完全に疑っている。そして、腰椎のあたりを熱心に確認し、

「やっぱり5つですよ」

などという。

「骨の位置が下に少しずれてきているので、レントゲンでそう見えたんじゃないかしら」

そんなことがあるだろうか？　実は私は記念にそのフィルムをもらってある。自分でも数えてみたら、確かに6つあったと記憶している。まあ、私の見間違いはあるかもしれないが、レントゲン技師が見間違えるなんてあるだろうか。

しかも、あのレントゲン技師は、学名まで言っていたのに。それが思い出せないのが悔しい。というか、腰椎が6つというのは、腰痛の強力な言い訳になると同時に、なんとなくその希少な感じがちょっとうれしかったりしたのに、頭から否定されて私はちょっとショックだったのだ。

あとで調べたら、こういう人は、腰椎が5個あるわけではなく、腰椎の下の仙骨という骨の突起の一番上の部分が分離していて、そのせいで単に6つあるように見えるということらしい。通称リチャード病とかいわれるそうだ。ナントカ病って、そこまで病気みたいに言われるとなんかやだな。

つまり、整体の先生の言うことともまんざら間違いではなかったのである。やはり腰椎が6つということはあり得ないのだ。といっても、彼女はリチャード病の存在を知らなかったということになる。

なんだか、CPDの有無を調べに来てもらったのに、腰椎が6つあるかないかの話がメインになってしまったじゃないか！　CPDに関しては、「様子を見ましょう」と、あるともないとも言わなかった。股関節を開くための体操を教わり、とくに右足の開きが悪いのでマメにやるように、などというアドバイスをもらって治療院を出た。

先生が帰り際、

「今日はぐったり疲れると思うので、無理しないように」

と私に注意した。

その日は会社は休みを取っていたのだが、確かに夕方、お灸の時のよりもさらにグッタりと疲れたのだった。そういう意味では、体に「キテるな～!!」という実感はかなりあったといえる。

6ヶ月検診のあわただしいご対面

同じ日、T産婦人科へ6ヶ月検診にも行った。

その日はなぜかめちゃくちゃ病院が混んでいて、待合室は妊婦、妊婦、妊婦……。先生も忙しそうだった。超音波検査でカプ男の様子を見るのが検診の楽しみなのに、ゆっくり見せてくれるという感じでなく、いつもはくれるエコー写真をこの日はくれなかった。

しかも、よりによって、検査中に私の携帯電話に仕事の電話がかかってきたりして、カプ男との月に一度のご対面は、ひどくあわただしくなってしまった。電源を切っていなかった自分を心底呪った。

この日私は、産休の申請のために、とにかく診断書をもらう必要があった。それを告げると先生は、超音波検査の結果を見ながら、「うーむ」とうなった。診断書には出産予定日を書かなくてはならないが、カプ男の頭の幅やらお腹の幅やら大腿骨の長さから計算された週数が、それぞれ23週や25週などと、まちまちなのである。

「どっちをとるか決めなくちゃなぁ」

先生はつぶやき、診断書に「1月17日」と大きくくっきり書いた。

これまで1月21日と言われていたので、4日早まったことになる。そしてこの日は、奇しくも私の父の誕生日だったので驚いた。家族は誕生日が近くなるというがほんとなんだ、とそのとき思った。

先生は、

「予定日が早いほうが、会社早く休めるね」

と言うので、

「そうですね。うれしいです」

と答えながら、ふと、私は気がついて先生に聞いてみた。

「週数がマチマチということは、頭がでかいということですか……？」

超音波の機械は、頭や大腿骨の大きさから成長の具合を測って週数を計算しているわけだから、より週数の進んでいる部分は、ほかよりも大きいということになるはずだ。

先生は、

「というか……、足が長い？」

とつぶやいた。私は思わず、

「足が長いんですか！」

と繰り返してしまった。

目がすっかりハートになっていたらしく、先生は、

「今の段階の話！　生まれてからそうかどうかは知りません」

と冷静にいうと、「はい」と診断書をくれた。

いやー。この手書きのペラ一枚で3500円よ？　解せないぜ。と思いつつ、この紙を頂かなくては休みももらえない。なんかいまひとつ先生とのコミュニケーションが盛り上がらないまま、

「ありがとうございました」

と診察室を後にした。もちろん、男の子？　女の子？　と聞きたいという欲求はますます高まっていたが、この日も聞けずじまいであった。

母の乳房の記憶？

ところで、このころになると、私の胸はだいぶ様子が変わってきていた。妊娠本による

と、「乳首と乳輪は黒ずんで米粒大のふくらみ（モントゴメリー腺）ができますが、これは分泌腺が大きくなったもので、あなたの体がおっぱいの準備を始めているのです」ということだった。

ほほーう。と感心してしまった。まさにその通りで、乳輪のあたりにできたブツブツの正体がこれであっというまに判明した。

さらに、胸全体がかゆくてかゆくて、湿疹のようなものがときどきできたりしたが、それも「妊婦性湿疹といってかゆみを伴いますが、出産が終われば直ります」と書いてあり、改めてこういった本の細かさにつくづく恐れ入った。

ちなみに、こんなに妊娠本がきめ細やかなのは日本だけらしい。姉は出産の時、ドイツで一冊だけ母に日本の妊娠・出産本を送ってもらっていたが、ドイツの本と比べるとやたらめったら指導が細かく、かえって不安になったといっていた。

そのころから、お風呂上がりにお腹の出具合の記録写真をデジカメで撮り始めることにした。自室でパソコンに向かっているドンを風呂場から「おーい！」と呼びつけては、横向きになって撮影してもらう。その際、

「どうよ？　私のおっぱい」

と一応ドンに聞いてみた。黒ずんで、デカくなってしまった乳輪……。ドンは絶句し、

「……小さい頃の母の乳房の記憶?」

と言葉を選んでいた。失敬なヤツである。

妊娠24〜25週・7ケ月前半

体重がドーンとアップ

10月に入って妊娠7カ月になると、体重は56キロを超えた。妊娠前は53キロだったのがツワリで50キロまで落ちて、その後6カ月の初めくらいまでは52キロ台をうろうろする感じでいっこうに体重が増えなかったのが、7カ月目でドーンと跳ね上がったのだ。

それでもまあ元の体重からしたら3キロ増なわけで、「体重増加は8キロ以内に！」というお産のカリスマ、大野先生の本の教えは余裕で守れそうな気がした。先輩ママたちに「優良妊婦だねえ」とほめられるたびに、このままお産も軽く行くのでは？　と有頂天になっていた。

仕事の方は育児休暇まで1カ月となり、最後の追い込みもあってますますヒートアップしていたが、食べ物にはかなり気を遣っていた。妊婦に不足しがちな鉄分やカルシウム、

便秘解消のための繊維質を含む食品を多くとるように気をつけた。

塩分のとりすぎは妊娠中毒症の大敵だと知り、薄味を心がけ、アカンボが大きくなりすぎないように乳製品は控えめにして豆乳をよく飲んだ。小腹が減ってもおやつは小魚や果物、干イモ、干イチジク。できるだけ外食は控えて、肉よりもサンマやアジなどの魚と野菜を多く食べるようにした。ナチュラル&ヘルシーがキーワードだ。

基本の食材は高級品を

もともと私はケチな性分で、一人暮らしをしていた頃は、スーパーで文句なく一番安い醤油やらお酢を買っていたのだが、さすがに「有機醤油」だとか「熟成米酢」だとかちょっと高めのよさげなものを買うようになった。

子どもの頃から私はなぜか「贅沢は敵だ！」とどこかしら思いこんできたところがあって、まあおそらく戦前生まれの両親の徹底した教育のたまものなんだろうが、食べ物や洋服で高級品を買うと、ものすごく悪いことをしたような気になってしまうのだ。だから、「赤ちゃんのため」と思って、よい食材を買ってみたりすると、それだけでなんだか自分が大人になったような誇らしい気がした。って、もう、十分大人っていうか、おばさんなのだが。

それでもときどきデスクで仕事をしている合間にアイスクリームを買ってきてしまって、「ああ、禁断の味……」

とウットリしながら味わったり、打ち合わせなどで街の中に出ると、つい喫茶店でミルフィーユを頼んでしまったりしたこともあった。

自分に禁じている「あま～い乳製品」をたまに「ちょっとだけなら……」と勝手に解禁してこっそり（誰に対してこっそりなのか？）食べていると、その罪悪感とは裏腹の蜜の味と申しましょうか、えも言われぬ快感に襲われるのであった。

食べ物だけは自分なりにがんばっていたのは、食事内容が、かろうじて当初の「理想のお産」の達成に向けた努力として守り通すべき最後の砦のようなものであったからだ。

アカンボのために努力し、アカンボのことだけを考えて妊婦期間を過ごす、というには、あまりにも自分の妊婦生活は煩雑で、多忙で、あっちこっちと気が散って、理想とはほど遠い毎日だった。

だから、食べ物にストイックになること、お灸を毎日三陰交に据えることは、もはや自分にとって、よい妊婦たるための意地のようなものだったかもしれない。

聞きました、赤ちゃんの性別

そのうちにまた、7カ月検診の日がやってきた。T産婦人科に行くと、その日は院長先生でなく、若い女の先生が診察室の椅子に座っているではないか。名前を見るに、どうやら院長先生の娘らしい。

オヤジさんとはうってかわって、とっても優しくて話しやすく、超音波を見ながら、

「ここが背骨、あばら骨……横向きになってるわねえ」

と説明してくれた。ゆっくり画像を楽しむ余裕もあり、私はうれしくなった。そこで、思いきって聞いてみた。

「男の子ですか、女の子ですか?」

先生は、カプ男の性器のあたりを超音波のカーソルで示し、

「そうですねー。これが大陰唇。女の子ですね」

とキッパリ言い、

「男の子だとね、この後ろに陰嚢が見えるはずですから」

と付け加えた。このときの気持ちをなんと書けばいいだろう。カプ男と勝手に呼び、男の子と決めつけてきたので、期待と違ったと言えばそれまでである。私の妄想は際限なく

進み、ゆくゆくは少年野球チームに入れて試合には弁当を持って応援に行く……という映像まで思い描いていたので、その夢がガラガラと崩れ去ったというところか。

今思うと、女系家族の私の実家に、初の男の孫を見せてやりたいという思いもだいぶあったかもしれない。自分自身、姉、姪と、3通りの「少女時代」をリアルタイムで知っているから、「少年時代」という時間の流れを知ってみたいという興味もあった。だから男の子を育ててみたい、とすごく思いこんでいた。

でも、いざ、

「女の子ですね」

と言われてみると、湧いてきたのは失望感ではなく、意外なほどの安堵の気持ちだった。女の子なら、お手の物である。なにしろ、自分が女だから。そういう意味での親近感、仲間感がフッとその瞬間に湧いたのである。私と似た女の子がここにいるのかもしれない。それは不思議で、会うのが楽しみな、そして同時に私みたいのがもう一人いたら、そりゃコワいだろ！　と自分でつっこんでみたくなるようなヘンな感じだった。

ちょっと話はそれるが、今は圧倒的に、最初の子は「女の子がほしい」と思う親が多いのだそうだ。

小さい頃は、かわいい洋服をたくさん着せて楽しめるし、男の子ほど激しく動き回らないから育てやすいと聞く。成長すれば、今では一卵性母娘（おやこ）なんて言葉があるくらい、母と娘がいっしょにファッションを楽しんで街を闊歩するなんてことは珍しくない。それに息子というものはやがて親元から離れていってしまうものだが、娘ならいつまでも実家に顔を出してくれるし、孫ができたら面倒だって見やすい。そんなあたりが「女の子待望」の理由らしい。

そのために産み分けの指導までしてくれる産院もあるのだ。以前、産み分けの指導を熱心に行っている産院で話を聞く機会があり、そこの産科医の話だと、

「昔は産み分けといえば、お家のためにどうしても男の子を産みたいという人が訪れたが、今では女の子が欲しいという理由で来る人が多い」

ということであった。

帰る道々、いろんなことを考えた。

実際には、女の子を育てるということはそんなにいいことづくめじゃないのは私自身が知っている。私は、母とお義理にもいい関係を築いてきたとはいえない。母と娘というのはいろいろ難しいものなんである。

自分と、このお腹の子どもとの間に、私と母の間にあるような確執が再生産されていく心配はないだろうか？　その心配が、急に現実味を帯びてきた。母と娘はやがてオンナとオンナになっていくもので、そうそう「一卵性母娘」だなんてのんきに仲良くしていられないものだとは思っている。

それでも、不思議なもので、帰りの電車の中で、母親に連れられた小さな女の子を見かけ、なんだか胸がいっぱいになった。

それは、幼い頃母に手をひかれて歩いた私自身の姿であり、そして、これから私自身が娘の手を引いて歩く姿でもあった。

小さな女の子の細い首、日に焼けたうなじを見ていると、遠い少女の日の懐かしい夏の残り香が漂ってくるようでとても切なくなった。私の娘もこんな少女の日を過ごしていくのだ……。私もつむがれていく命の環の一部であり、宇宙的な時の流れを感じた瞬間であった。

デジな夫への不満

家に帰って女の子だったことを聞いたドンの反応は、第一声が、

「なーんだ」

だった。私の「絶対男の子に違いない」という根拠のない自信に引きずられていたために、ドンも男の子と思い込んでいたフシがあった。でも、ドンの「なーんだ」は失望からきたものではなく、私の思い込みがはずれたことへの単なる反応だった。

なにしろ、ドンは「女の子の方がいいかな」とそれまで何度かポソッとつぶやいていたのだから。かといって、女の子だったからといって「やったー！」と喜ぶわけでもない。

ようするに、どっちであろうがあまりこだわっていなかったのだと思う。それがドンという人なのだ。

妻でありながら私はいつも不思議だった。ドンが取り乱したり感情をあらわにするのを見たことがない。なにしろ、ヤマダ電機とヨドバシカメラをこよなく愛するデジなやつである。デジなだけでなく、車好きで、2歳くらいのころにはすでに、街を走っている車の車種名をほとんど言うことができ、お母さんが「天才かと思った！」というありがちなエピソードも持っている。

そんなモノ好きの彼は情緒をつかさどる脳の部分をあまり使っていないのか、きれいな夕焼け空や美しい絵を見ても、いまひとつ反応がない。

「アンタは彼とやっていくのは難しいわよ！　だって、アンタは感動屋さんだし、しかもその感動を人と共有したがる人間だもん」

結婚前、ドンのそんな面について姉に話すと、いみじくもそういった。さすがは姉である。私をよく知っている。いや、「アンタは感動を人に強要する」といっただろうか？　ん？

とにかく、彼がモノに対して執着するように私（を含め、人間全般）に対して執着を見せないのが、結婚に踏み切るにはいまひとつ不安な部分であった。いつも、寛大で大人だから（なにしろひとまわり以上年上）私に干渉しないのか、あるいはほんとに私に興味がないのか、見極めが難しく、モンモンと悩んだころもあった。

これでは、もし私たちに子どもができたとき、愛情をきちんと子どもに示してくれるのか不安だと考えた私は、アイビーの鉢をふたつ、ドンの家に持っていったことがあった。

「このふたつの鉢に毎日お水をあげてかわいがってね」

という私の言葉どおり、ドンは毎日アイビーに水をあげ続けた。そのかいあって、数カ月でアイビーはものすごく大きくなり、置いていた机の上から床に届くくらいの長さになった。

私は、毎日水をやるという行為が、ドンの心の中にきっとアイビーへの愛情を育《はぐく》んだに違いないとほくそえみ、

「どう？　一生懸命大きくなってかわいいでしょう？」

と聞くと、ドンは即座に、

「ぜんぜん」

と答えたのでひっくり返った。

結婚後も、いまひとつドンの情緒面での淡白ぶりが気になっていたところへの妊娠である。しかも、妊娠前、ドンは「子どもはあまり欲しくない」と公言していた人だ。お腹の子は女の子と判明したわけだが、男親は女の子がかわいくてたまらんという話はよく聞く。さて、ドンもそんな娘を溺愛するパパになるのだろうか？

妊娠26〜27週●7ケ月後半

休みに入るための事務的手続き

いよいよ産休突入まで一カ月をきった。10月後半、なぜか私は特集ページを担当していて、出っ張ってきたハラを抱えて大忙しの毎日だった。

そのころにつけていた記録を見ると、10月最終週の横に、「なんて大変な一週間!!」と自分でメモしている。またもや帰りが遅くなり、深夜に宅配ピザを会社に届けてもらったり、コンビニで焼きうどんを買って食べたなどと書いてある。自分で「ああ、こんなことじゃだめ……」と思いながらの痛恨の記述だったらしく、ミョーに詳しい。

仕事は忙しくても、やらねばならないのが、育児休暇突入のための事務的手続きだった。これがまた少々面倒くさい。こういった税金の控除だとかいろいろな手当ては、だいたいにおいて「自己責任で申請すること」がルールになっている。だから、うっかり申請する

のを忘れてしまうと、本来はもらえたはずのお金がもらえなくなったりするのだ。あとから、「忘れてました！」と言いに行っても、けっこうシビアに時効があって、期限を過ぎるとビタ一文だってくれやしない。

ちなみにウチは、職安から私がもらうはずの育児休業給付金というやつを一カ月分と、私が無給になる育児休業中に夫が会社からもらうはずの配偶者手当を数カ月分もらいそびれた。両方とも、申請し忘れであった。あとで気付いて非常に悔しい思いをした。なにしろケチな私としては、

「あのカネがあったらあれが買えたのに！」

「あそこへ行けたのに！」

「あれができたのに！」

とそれからしばらくことあるごとに思い出して地団太踏んでしまった。まったく、あれほどリストを作って確認したにもかかわらず、なんでこういう事務的なことを忘れてしまうのだろう。

10月も末のある日、私は労務部に申請書を出しに行った。数カ月前、申請書を取りにきたとき、担当者のオジサマは、

「ほほーう！　おめでとう！　子どもはかわいいよお〜」

とまるで我がことのように喜んでくれ、

「で、お腹のお子さんは男の子？　女の子？　今は、お腹にいても分かるって言うからね〜！」

と聞いてきた。私が、

「まだわからないんです」

と答えると、

「いや、両方かもしれないよ！　双子ってこともあるからね」

と一人で盛り上がっていた。（おじさん、今は超音波があるからもう一人しかいないって分かるんですよ。時代が違うんですよ）と心の中でつぶやいたが、適当にあいづちを打っておいた。

で、申請のためにもう一度労務部を訪れると、

「おお。申請書を持ってきましたか」

とにこにこと迎えてくれ、

「お腹の子は男の子？　女の子？　今は超音波ってヤツでわかるっていうじゃない」

とまたやっている。今度は、

「女の子なんですよ」

と教えてあげた。

「へぇー！」

と妙に感動してハラをしげしげと見ているオジサマは、きっといい人なんだろうなと思った。

職場復帰プログラム（休暇中に仕事へ復帰するための講習を受けると、奨励金がもらえるのだ）の案内などをもらい、そちらは簡単に終了したが、ほかに大きな課題は、夫と共同で買ったマンションのローンをどうするか、給料天引きで積み立てている定期預金をどうするか、など、自分が無給になるのに伴って生じてくるお金の問題だった。

定期預金は解約すればよかったが、マンションのローンのほうは、面倒なので残額を全部一気に返済することにしたもんだから大変である。あちこちに分散されていた貯金をかき集めて、なんとか金額は足りたのだが、おかげで本当に複数の口座がカラッポになってしまった。

何度でも言うが元来ケチな私としては、カラッポの口座というのはとても不安を誘うものなのである。なんか、自分だけすっごくソンしているような。（本当は自分の借金を返したただけなので何も損はしていないのだが）

逆に、子どもを産むのに伴って会社からもらえるお金というのもある。お祝い金、出産育児一時金（出産費用に当てるもので、会社の社会保険に入っておらず、国民保険に入っている場合は自治体がくれる。今は通例30万円。保険組合や自治体によってはプラスαがつくことも）、子どもの扶養手当（共働きの場合、父親か母親どちらか）などなど。これらを申請しなければ、もらいそびれる。なかなかお休みするのも、めんどっちーのである。

妊婦のやせすぎは禁物!

「体重を増やさないのが優良妊婦」
とばかりもいってられない
最近の研究結果

太りすぎの妊婦は、妊娠中毒症などで出産へのリスクが高くなることから、「デブ妊婦禁止」と固く思いこんだ私は、次第に「体重増加が少ないほど優秀」という思い違いをするようになっていた。

「そうすれば、赤ちゃんも小さくて、産むのが楽だろう」という思い違いである。現に、「赤ちゃんは3000グラム以内で産むのがおしゃれ!」なんていう記事が雑誌に掲載されたりして、「小さく産んで大きく育てる」を推奨するような風潮があった。

「小さく産むほうが楽だろう」という私のような思い違いのせいか、「出産で太りたくない」という単純な女性たちのヤセ願望のせいかは分からないが、現に、ここ数年間、厚生労働省の統計では、低体重(2500グラム以下)で生まれてくる子供の数が確実に増加しているそうである。

これに警鐘を鳴らすため、2006年2月に厚生労働省は「妊産婦のための食生活指針(※)」を発表した。その「推奨体重増加量」が上の表。

要するにデブもヤセもダメ、適切な体重増加を…という至極真っ当な話なのだが、妊娠前からやせているか、太っているか(BMIで算出)で基準が変わってくることがポイント。「画一的な目標を目指すことのないように留意する」とされている。

近頃では、低体重児で生まれた子供は、将来糖尿病や高血圧などの生活習慣病にかかる割合が高いという説が知られるようになってきた。それだけでなく、母親の胎内で「低栄養状態」にさらされた低体重児は、栄養をため込みやすい体質となり、生まれた後には肥満児になりやすくなるという研究結果もあるという。

げに恐ろしきなり。ママになる人間は、自己流の思いこみ、絶対に禁止ですね。

妊娠中の体重増加の目安

体格	全期間	1週間
低体重(やせ) BMI 18.5未満	9〜12kg	0.3〜0.5kg
ふつう BMI 18.5〜25.0未満	7〜12kg	0.3〜0.5kg
肥満 BMI 25.0以上	個別対応	個別対応

妊娠前のBMI(肥満度の判定)を計算してみよう

BMI=体重(kg)÷身長(m)÷身長(m)

※厚生労働省のホームページで見ることができる。
http://www.mhlw.go.jp/houdou/2006/02/h0201-3a.html#top

第3章

馴じんできました、大きなお腹

妊娠28〜29週●8ヶ月前半

胎児のしゃっくり

産休のための事務的手続きを終えたら、がぜん心は軽くなり、あとは休みの開始を心待ちにするばかりになった。

いよいよアカンボは8カ月目に入った。これからは検診も月2回。いよいよ私も堂々たる妊婦になっていた。

本によると、アカンボの身長はすでに37センチ前後、体重も1300グラム前後になっているらしい。お腹の中にいるカプ男改めカプちゃんは、私が痛い！　と思うくらいお腹を蹴るようになっていて、ときどき定期的にピクンピクンと痙攣するようになっていた。

後で知ったが、それはカプちゃんが羊水の中でしゃっくりをしているのだった。

このしゃっくりに関しては、知り合いのママたちに聞くと、「そうそう！　お腹の中で

しゃっくりするんだよねー」と喜んでくれる人と、「一度も感じたことない。本当にそんなことがあるの?」という人にとふたつに分かれた。カプちゃんは、お腹の中でしょっちゅうしゃっくりをする子だったので、苦しいのではないかと私が心配になるほどだった。ちなみに、生まれてからも同じようにしゃっくりばかりしていたので、その様子を見ているだけで、自分のお腹の中にいたときとの連続性を感じられてなかなかおもしろかった。

このころになると羊水の量がぐーんと増えるらしく、お腹がとても重くなる。検診のたびに、子宮底がどのあたりまで来ているか計るのだが、そのころの胃はみぞおちの付近まで来ているらしく、私は胃がむかむかしたり胸やけがするようになってきていた。お腹の重みで腰痛がひどくなって、仰向けに寝ると苦しくなるのだ。

なかなか体もキツくなってきたので、もう、考えるのは休みのことばかり。いい加減、赤ちゃんのことだけ考えて毎日をゆっくり暮らしたい……。マタニティ・スイミングに通ったり、おからやひじきでおいしい和食を作ったり、のんびり川沿いを散歩する毎日を夢見ながら、指折り数えて休暇の日を待ち望んだ。

パパママ学級に参加

8カ月目の最初の日、自治体の主催するパパママ学級に行ってみた。平日だったので、私もドンも会社を遅刻しての参加である（土曜日は人気が高くて抽選ではずれてしまったのだ）。

いわゆるDINKS（死語？）である私たち夫婦は、これまで高い税金を払ってきたけれど、その恩恵にあずかっているのはゴミ出しくらいか？　という気がしていた。しかし、この日初めて、子どもができるとがぜん税金を回収している気分になるんだろうなあ、という実感を持つことができたのだった。

子どもが生まれた後は、3カ月健診だ予防注射だと、なんだかんだといろいろ世話になることになる保険センターだが、その日は場所すらわからなくて地図で調べてく。いかにも公共の施設然とした、ちょっと古びたコンクリートの建物に、センスの感じられない事務的な貼り紙。公立の小学校の多目的室みたいな部屋の入り口で母子手帳を出すと、パパママ学級のハンコをペタっと押してくれる。

この日は保健婦さんがふたり出てきて、まずビデオでNHKが作った番組を見た。

その番組は、お腹の赤ちゃんがいかに外の物音を聞いているかという話で、いきなり横に寝そべった妊婦さんのお腹の横で、だんなさんが神妙な顔をしてポンッポンッと小さな太鼓をたたいている場面から始まるのだった。すでにドンは「プッ」と吹き出している。オイオイ！　ちゃんとキミも神妙な顔をして画面に見入らなくちゃだめじゃないか！

お父さんの啓発が目的？

お腹の赤ちゃんは外界の音をよく聞いているのでお父さんもどんどん話しかけるとよいという話や、生まれてから数カ月の間にだんだんお父さんを認識し始めた赤ちゃんが、甘えたいときはお母さん、遊びたいときはお父さんというふうに使い分けをする様子などが、いろいろなデータとともに語られていた。

全体としては要するに、

「お父さんも妊娠・出産・育児にとって欠かせない存在ですよ」

ということを語っていた番組だったと思う。なかなかおもしろかった。

それから、お父さん予備軍たちの妊婦シミュレーションスーツの装着。お腹のところに10キロの重石が入ったベストのような服で、臨月の妊婦がどんなに大変かを妊婦以外の人が体験するために開発されたものである。

最近では、どこのパパママ学級でもこれをお父さん予備軍につけてもらうのが常らしく、お父さんたちはこれを着て、

「ああ、なんて重くて苦しくて動きづらいのだろう！　自分の奥さんはこんなに大変な思いをして子どもを産んでくれるのだ」と実感し、感謝するという仕掛けなのである。

ほかのお父さんたちを見ていると、「ああ、重いですねー」「大変です……」とか素直に驚いていた。ドンはどう反応するのかな？　とワクワクしながら見ていると、無表情で装着してちょっと飛び跳ねてみたりして、ふーむ、と何か納得している。

「どうだった？」

と聞くと、

「思ったほど重くないな」

とかヌかしている。まったく強情なヤツだ！

次に、赤ちゃん人形を使った沐浴の練習。人形は、3キログラムで新生児と同じ重さになっている。ベビー服、赤ちゃん下着やおむつを脱がせ、石けんをつけてベビーバスで洗い、またおむつと服を着せる。これだけのことなのだが、新米パパママたちは、赤ちゃんが片手で持つにはいかに重たいかをここで初めて実感する。

私たち夫婦と同じテーブルには、いかにもカタギの勤め人ではなさそうなご夫婦がいた。そのご夫婦のだんなさんのほうが、ドンとだいたい同じくらいの年の感じだった。

若いパパたちに混じって、ニコニコと奮闘しているそのだんなさんに私は好感を持って、ドンもああいうふうにナチュラルかつ楽しんで赤ちゃんの世話をしてくれるといいなあ……なんて思いながら、フッと沐浴の練習をしているドンを見ると、意外にもせっせと几帳面に人形を洗い、服を着せている。その淡々としたすすめぶりに私はドンらしさの神髄を見るような気がした。楽しんでいるかどうかはともかく、いやがりもせずに意外にとけ込んでいるのに私はちょっと胸をなで下ろした。

教室の最後に、保健婦さんが参考までにと、

「お産に立ち会われる方はどのくらいいますか?」

と聞いた。

全部でお父さん予備軍は7~8人来ていたと思うが、なんと、誰も手を挙げなかった。て、オイ! ドン、キミはどうなんだ?! 立ち会ってくれるんじゃなかったのか?! 私はつんつんと肘でドンをつついたが、そのときは結局手を挙げずじまいだった。

まあ、たしかにあれだけきれいさっぱり誰一人として手を挙げない中では、ちょっと気

が引けたかもしれないが、やっぱりドンの中でもまだ逡巡しているということがこの一件で図らずも分かってしまった。

立ち会い出産する？　しない？

子どもを持っていない多くの男性にとって、産婦人科とか助産院といったお産に関する施設などにはある種の結界が張ってあるようなもんではないだろうか。女性ですら、初めはニンプニンプした世界に自らが入っていくのにはとまどいがあるのだから、デパートの化粧品売り場や女性服売り場を歩くのさえ居心地の悪さを感じるような男性たちに、いきなり分娩室へ入れというのも酷な話である。

妊娠・出産・育児の応援サイト、ベビカムで、2003年5月に行ったリサーチでは、『理想の夫、現実の夫』というテーマで立ち会い産を取り上げていた。

そのアンケート結果によると、回答数584件のうち、夫が出産に立ち会った、あるいは立ち会う予定だと答えた人は262人で、45%だった。これはかなり多い数字ではないだろうかという印象を私は持つ。何とくらべて多いのかと言われると困るが、お産を迎えるカップルの半分近くが立ち会い産ということなら驚くべき数字だろう。私の周囲でも、思い当たる限り見渡してみると、立ち会い産を選んだカップルのほうが多く、中には助産院で妻のお産を介助した人までいる。

でも、実際の統計は、パパママ学級で私が目撃したように、立ち会い産を選ぶカップルは45％もいないのだと思う。インターネットでベビカムのサイトにアクセスし、お産について勉強したり知識を深めたりしようという人たちや、私の周囲で「分娩台よ、さようなら」という本を回し読みしたりする人たちの中には、たまたま夫婦でお産を迎えようという人が多い、ということではないかと思う。

きっと世の中の多くの男の人にとっては、お産はまだ昔ながらのテレビドラマのように、病院の廊下でやきもきと待っていると、「おぎゃーっ」という産声が聞こえてくる、くらいを想像するのが精一杯なんだろう。ドンだってそうだっただろうに、「助産院でお産を支えて欲しい」などと私に言われて、いやー、困ったな〜くらいに思っているに違いない。

私が読んでいた出産本では、立ち会い産のメリット、デメリットについて詳しく解説してあって（とにかくいたれりつくせりの本なのだ）、私はそこを何度も読み返した。

そのページには、立ち会い出産に賛成の人、反対の人の言葉が集めてあるのだ。

賛成派の妻の言葉。

「夫がいてくれたからがんばれた」

「妊娠・出産がいかに大変なことかを心から理解してもらういいチャンス」

夫の言葉。

「これまで何でも二人でやってきた。出産だって同じ」

「自分の目の前で誕生の瞬間を見たら、父親としてがんばらなければと言う気持ちになった」

「自分たちにとって最高の感動。わかちあえてよかった」

一方で、反対派の妻の言葉。

「夫がいるとお産に集中できない気がする」

「夫の気が進まないものを無理強いしたところでうれしくもない」

「私のことを女として見てもらえなくなったらイヤ」

夫の言葉。

「気が小さく血が苦手なので足手まといになる」

「古いかもしれないけど出産って神聖な行為だから男は入っちゃいけない気がする」

などなど。

私は何度読み返しても、賛成派の夫や妻の発言の方がしっくりくるのだった。自分が苦しくて大変なときに、ドンがそばにいてくれたらどんなに心強いだろう。それに、二人の子供なんだから、一緒に迎えて、感動を分かち合いたい。これって当然の感覚じゃないのかなあ。さらに、本の中ではこうも解説されていた。「風潮に流されることなく、二人のそれぞれが自発的に立ち会い出産を望んでいるかどうかをまず見極めることが大切でしょう。出産直前に決めるのでなく、早い時期から時間をかけて話し合いを重ねていくべき問題です」

そう、そうなのよね。たしかに、ドンの望まないことを無理強いしても、いい結果にはつながらないだろうな。私はうんうんといつもここでうなづく。だが次の瞬間、

「何で望まないわけ？　ドンは私が苦しんでいるときに支えてあげたいと自発的に思わないわけ？」

と考え、なんだかムカつくのだった。

ある日、私は真剣にドンに言ってみた。

「私がドンに立ち会ってもらいたいのはね、とても苦しいときに一人ではやっぱり心細い

から、一緒にいて欲しい。でも、ドンがどうしても血を見たくないからイヤだというなら、無理していっしょにいてくれとはいわないけど」

そのときドンは、

「うーん……るるさんがどうしてもっていうなら……」

と、煮え切らない感じだが、いちおうは立ち会う意志を見せ始めた。でも、どうみてもやはり積極的に私を助けたいという意志が感じられないのだった。それどころか、

「るるさんは、お産の時、俺が近くにいて嫌じゃないわけ？」

などと言いだすのだった。

はあー？　まったくもって心外。私のことを分かっていないんだから！　と今更ながらに驚いた。私は姉の言うように〝感動を共有したい〟タイプの人間なのだ。なぜこの人は私がどうして欲しいか分からないんだろう？　世の中には、「赤ちゃん誕生を妻と一緒に迎えたい！」と望む男性だっているのに、どうしてドンはそうじゃないんだろう？　イライラ。

そんな男を夫に選んだのは自分なのに、私はドンを自分の好む人間の型にはめようとしていた。そしてうまくいかないことにイラついていた。ドンはいつだって、私のあるがま

まを尊重していてくれたのにもかかわらず、である。

ママ友を探せ

パパママ学級から一週間後、今度は母親学級に参加した。地元の自治体が主催する母親学級に参加する最大のメリットは「近所にママ友達ができること」らしい。知り合いの先輩ママが言うには、

「育児期間をなんとかノイローゼにならずに過ごせたのは、そういうママ友達と頻繁に集まってはワイワイやってたから。彼女たちがいなかったらどうなっていたことやら」

ということなんだそうだ。

これまでお勤めしていたので、私はまだ近所のママとは一人も知り合っていない。こりゃ大変だ、お産までになんとかママ友を見つけなくては、と、また張り切って保健センターまでハラボテで自転車を走らせた。

その日の母親学級では、グループに分かれて自己紹介をした。妊娠8ヶ月にもなる人は数人しかおらず、みんな専業主婦の方だった。その日は平日だから、考えてみれば当たり前といえば当たり前である。それに、8ヶ月にもなったハラボテで自転車に乗ってきてい

る人など私以外にいるはずもなかったので、私はすっかり小さくなってしまった。

「どこの病院で産むんですか?」という話題になり、聞けば皆さん大病院ばかりなのだった。比較的近所である、私が通っているT産婦人科を知っている人は一人もいなかった。

「自然分娩を推進しているところで、いい病院なんですよ。古いけど……」

といっても、

「そうなんですか」

というくらいで、あまり興味を示されなかった。私は先週に引き続き、またもやショックを受けた。

立ち会い産だけでなく、母乳育児や自然分娩、助産院や自宅出産などは一般的ではないのか? 自分の目指すような「最高のお産」を同じように迎えたい人は、少数派なのだろか? ここにいる妊婦さんたちは、前に助産院のお灸のクラスで出会った人たちとは、明らかに違う。やはり、大きな病院で産むのが安心と思う人だっているわけで、ママ仲間といってもいろんな考え方の人がいるのだ、と初めて目の当たりにした気がした。

お産のビデオにもらい泣き

さて、この日、いちばん印象的だったのは、お産のビデオを見たことだった。先週に引き続き、これもＮＨＫが制作した番組で、私の記憶に間違いがなければ、私は子供のころ、テレビでこれを見たことがあった。ある妊婦さんにスポットを当てて、臨月から赤ちゃん誕生までをつぶさにドキュメントしたものだ。とくに、陣痛が始まってから、出産シーンまでが細かく記録されていて、子供の時にこれを見た私は度肝を抜かれた。あまりにも強烈で忘れられなかったのだ。

母親学級でこのビデオが始まると、しばらくして私はその先のストーリーを思い出した。だが、自分がもうじき出産を迎える身としてもう一度見てみると、その印象は全然違った。その番組の中の女性は、陣痛が起きて病院に行き、ウーン、と苦しんでいる。ハアハアとだんだん陣痛が激しくなるにつれて呼吸も激しくなり、いよいよ分娩台にあがって、看護婦さんたちに「がんばって」「そうそうもう少し」と励まされながらいきむ。そして、とうとう赤ちゃんが出てきた瞬間、その女性は「うわあーっ」と悲鳴とも叫び声とも言えるような大声を上げて泣くのである。

私は思わずもらい泣きして、ボロボロと涙がこぼれた。

我に返って辺りを見回すと、ほかのママさんたちもハンカチで目頭をぬぐったり鼻をすすったりしている。教室はシーンと静まりかえり、皆、画面の中の女性と一体化していた。空気全体が感動しているような、不思議な時間が流れた。

お腹に赤ちゃんがいると、ほんとうに涙もろくなる。このころの私は何を見てもボロボロと泣けて仕方がなかった。テレビを見ていても、アフガニスタンで戦火にさらされている子供たちの姿に大泣きし、アルベールビルオリンピックで伊藤みどりが3回転ジャンプを決めた懐かしの映像を見て大泣きし、しまいにはNHKが主催する高校生たちのロボットコンテストでまで大泣きしてしまったときには、自分でもさすがにヤバいと思った。

こんな、不安感と幸福感がないまぜになったような情緒不安定は、妊婦の特徴だとよくいわれる。ちなみに、これはお産の後もしばらく続き、私の友人ママなどは、赤ちゃんが生まれてすぐの頃、「ぞうさん」の歌を口ずさんでいて滂沱《ぼうだ》の涙を流してしまったとか。確かに、「ぞうさん」の2番「だ〜れが好きな〜の？　あのね母さんが好きなのよ〜」の歌詞は泣けるのだ。

私も、部屋で胎教用のハワイアン音楽を聞いていて、アレンジされた「こんにちは赤ちゃん」が流れてきたときには、「わったし〜が〜ママよ〜♪」のクダリでジーンと胸が熱くなり、涙があふれた。

「私がママになるんだ。お腹にいるのは私の子供なんだ」

としみじみ感慨深く、32歳になってこの事実を受け止められる自分もうれしく、また赤ちゃんの生まれてくる環境を整えてあげられたこともうれしくなった。赤ちゃんのことを考えると、手足の指のすみずみまで幸福な気持ちで満たされるのだった。

「こういう状態で小説とか書いたら、めちゃくちゃすごいのが書けそうだね！」

という人がいたが、たいていそういう状況に陥っている妊産婦にはそんな余裕はないので、いまだかつて、このお産前後の独特の高揚感を小説の作品に昇華した人はいないと思われる。

ドン、妊婦検診に付きそう

8ヶ月前半の検診に、初めてドンを連れて行くことにした。小雨の降る寒い日だった。二人で車で病院に向かい、ドンは私を病院の前でおろすと、近くのコイン駐車場に車を止めにいった。私がいつものように古いスリッパを履いて待合室に腰を下ろし、おいてあるベビー用品のカタログなどに見入っているとドンが入ってきた。妊婦さんや小さい子連れのお母さんたちが待っている風景にちょっと面食らったようだが、スリッパを取り出して私の横に座るなり言った。

「スッゲー天井だな！」

ドンは雨漏りと思われる茶色のシミが広がる天井を見上げ、かなりビビッている。

「それに、あの、入り口のボロボロの板塀はなんなんだろうな？　このスリッパも年季はいりまくり。もうかってないわけじゃないだろうに、これくらい修理すればいいのにな」

小声で病院の古さにあれこれケチをつけたかと思うと、今度は本棚においてある雑誌までチェックしてブツブツいっている。

ドンは図書館で本を借りたり古着を買ったりすることのない人で、何しろ新品好き。潔癖症じゃないかと思ったときもあるくらいなので、きっとT産婦人科はドンの性に合わないだろうなあとうすうす予感はしていたが、それにしてもひどい言われようである。本当は人気の大病院の最新施設のこぎれいな部屋で出産を迎えるのが、ドンのスタイルとしてはピッタリくるんだろう。

そんなことを考えていると名前を呼ばれたのでドンと一緒に診察室に入った。今日は、ダンディだけど病院と同じように古いT院長先生が机のむこうに座っている。ドンにもいろいろ超音波を見せてあげたいし、優しくて話しやすい娘さんのほうだといいのに、と思っていたのでちょっとガッカリした。

「夫も連れてきました」

と私はひとこと、院長先生に言った。ドンは、

「よろしくおねがいします」

と挨拶したが、先生は「はい」とひとこと言ったっきり、いつものように古い血圧計でシュコシュコと血圧をはかりはじめ、そのあとは終始ドンがいないがごとくに振る舞ったので、その終始一貫した愛想のなさに私は改めて驚いた。

血圧を測り始めたときである。先生はじーっと計器を見つめていたが、

「ん?」

とつぶやくと、私に、

「走ってきた?」

と聞く。私が、

「いいえ」

と答えると、もう一度計り直した。そして、

「血圧が高い。この時期にあがり始めるのはよくないですねえ」

とだけ言った。後は、シーン。私は大パニック。え？　え？　どういうこと？　血圧が高くなるというのが、妊娠中毒症のサインであることは、本を読み尽くした私には聞くまでもないことだった。

でも先生はそのあとはとくにそれについて何も言わず、私をいつものように横になるように促して、子宮底長や腹囲などを計り、超音波を当て始めた。ドンが遠慮がちに近づいて画面をのぞき込む。

先生は小さな声で「……これが、こうだから……ブツブツ」と私にもよく聞こえない声で何かつぶやきながら、いつものようにカプちゃんの頭の幅と大腿骨の長さを計り、あっという間に超音波を終了してしまった。ドンは、あまりの速さに鳩が豆鉄砲食らったような顔をしている。「ではまた二週間後に」といって母子手帳を手渡された私は、ドンと連れ立って狐につままれたような気持ちで診察室を出た。

「どうだった？　カプちゃん」

と私が聞くと、案の定、

「どれが頭なんだから足なんだかなにひとつ分からなかった」

とドンは答えた。ドンとしては、初めて妊婦検診に付き添ってきて緊張していた上に、超音波の画面での我が子との最初のご対面だったにもかかわらず、何の説明もしてもらえなくて、ちょっとガッカリしていたようだった。

私はといえば、血圧を測ったときに先生の言った「よくないですねえ……」の一言にずーっととらわれたままで、母子手帳を開いてすぐに確認すると、血圧の上が138もあったのにびっくりした。いつもの私の血圧は、上は100あるかないかなのである。「やばいよ！　血圧が上がってきてて、まずいですねっていってたよ」

と私があせっていると、その場にいたにもかかわらずドンは、

「なにが？」

とか言っている。

「妊娠末期で血圧が上がるのは、中毒症のサインで、とっても危険なんだよ」

と私が説明すると、ふうん、と興味がなさそうだった。確かに先生は、さっき診察室で、いっさいそんな説明もしなかったし、妊娠本を熟読しているわけでもないドンにはピンとこないであろう。

やはり、仕事で無理をしてきたのが、今頃になって出てきたのだろうか？　夜は外食が

多いせいで塩分をとりすぎていたのか？　そうなるともう、自分のこれまでのマタニティライフのダメダメだった点ばかりがクローズアップしてきた。

先日行った母親学級で、産婦人科のお医者さんが来て妊娠中の注意点について講義していったのだが、妊娠中毒症の対策にはとにかく「減塩と安静」のふたつだといっていた。今のところ私の主治医であるT院長先生はいっさいそんな指導はしてくれない。私はとても不安に思った。

妊娠30週～31週●8ヶ月後半

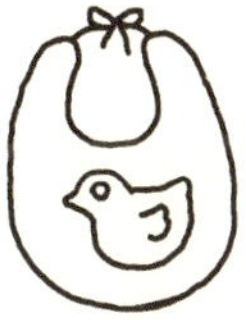

産休開始

いよいよ会社の方はお休みに入ることになった。同僚たちがGAPのベビー服や、金色の天使が飾られたクリスマス仕様のポインセチアを贈ってくれ、しみじみ長期の休みに入ることを実感した。

休みに入る前日、深夜まで自分の机を片づけながら、

「しかし、一年以上も会社を休むっていうのはどんなもんなんだろうな？」

ととなりにいた男性同僚にふと話しかけた。彼は、一呼吸おき、しみじみ、

「そうだよなぁ～」

とうなづいた。

家の経済事情もあって浪人もできなくて、大学では同じ学科の友人たちが長期留学する

のをうらやましく思いながらもギリギリの成績ながら4年間で卒業し、すぐに就職してしまった私は、「学校にも会社にも行かない日々」というのは初めてのことなのだ。大学卒業以来、毎日通ってきた会社を一年以上も休む。自分の席はどうなるのだろう。リストラや組織改変の激しい昨今、戻ってきたときに私の戻る場所は果たしてあるのだろうか。妊娠後期に入ってずーっと休みを待ち望んできた私が、ふっとぽっかりと空いた穴の前に立っているような不安な気持ちを覚えた瞬間だった。

でもそれは一瞬のことで、実際に休みが始まったら、もうそれは天国……。朝は「私、今、専業主婦だから！　うふ！」と張り切って朝食を作り、ドンを送り出す。二人とも会社に行っているときはほったらかしだった朝食の汚れたお皿をきちんと片付け、また寝る。寝る。寝る!!　その幸せ……。こら、やめられまへんわ。

働いていたときにはきちんとコントロールしきれなかった自分の食事も、休みに入ってからは一気に充実した。小松菜、ひじき、レンコン、じゃこ、サンマ……と、体によさそうな食材をバランスよく選んで、減塩して料理するようになった。保健センターの妊婦の食事教室にも参加し、大豆カレーやレバーの生姜煮をならってきて、さっそく家で作ってはドンにも食べさせた。

午後の暖かい時間には、二年前に越してきて以来、これまで仕事が忙しくてあまり歩いたことのなかった自宅の周辺をぐるぐると歩きつぶした。「一日3時間は歩く」という大野先生の教えを守るのはなかなか難しいが、それでも万歩計をつけて一日一万歩を目指した。一万歩というと、妊婦がコマタで歩くのでだいたい一歩50センチとしても、5キロになる。けっこうな距離だ。

さらに、ベタではあるが、手芸ショップでベビーピンクの毛糸と初心者用の編み物本を買ってきて、カプちゃんのためのベストと帽子なぞを作り始めたのだ。家庭科で何よりもお裁縫の嫌いだったこの私が、である。やはり外資系銀行に勤務する私の知人も、まったくの手芸嫌いだったにもかかわらず、赤ん坊がお腹にできて出産間近になると、急にミシンなどを購入してダダダーとやり始めたそうだが、まったく同じパターンである。

この時期になると、本能的に部屋を無性に掃除したくなったりするというが、こうしてお裁縫モードに入るのも一種の巣ごもり行動の現われなのかもしれない。（ちなみに、私はこの巣篭もり本能が自分の中に目覚めて、引越し以来片付かない開かずの間をエイヤッときれいにするパワーが湧いてくる日が来るのを期待したが、結局出産までその日は来なかった。）

妊娠線その後

ところで、妊娠初期にかなりビビっていた妊娠線のことだが、さて、妊娠末期になった私のお腹はどうだっただろうか。

それは、忘れもしない11月半ばの、妊娠30週と5日目のある夜だった。いつものように、風呂上りにお腹の膨れ具合をドンにデジカメで記録してもらっていると、ドンが、

「あれ？　そのお腹の下の点々は何？」

という。

私は自分のお腹を見下ろすのだが、すでに、いくら前かがみになっても出っ張ったお腹の下側は死角になって見ることができないのだ。

私は手鏡を持ってきて、お腹の下側を映して見た。ガチョーン!!　なんと、赤くて1〜1.5センチくらいの楕円形の点々がぶわーっと下から放射状に広がっている。

「こ、これはなに?!」

あせりまくってよくよく確認するのだが、やはり妊娠線の一種としか思えない。ドンは、

「ほら見ろ！　予防クリームをケチってたからだ！」

という。いや、ケチっていたわけではない。確かに、月に1〜2本の目安で使い切れと

いう指示を守らず、いまだに1本目を使いきっていなかったのは本当だが、それは、異様にこのクリームの伸びがよく、ベタベタするのがいやだったからだ。

それに、下側に集中して点々が出ていたのは思うところ理由はただひとつ。死角になっているので塗り忘れていたからだと思われた。クリームを塗り忘れたたところだけに、まんまと現れる邪悪な妊娠線！　オーマイガー！　お経の文字を耳だけに書き忘れてしまった「耳無し芳一」みたいなもんか？

ちなみに、この点々はその後、少しずつ縦長になっていき、しまいには雷マークのようにギザギザにお腹の上のほうまで伸びてきてしまった。予定日のころには、おへその周りにもたくさんできて、もう、なんというんですか？　世にも恐ろしいお腹になってしまったのです。結局。ええ。白状します。あんなに早い時期からクリーム塗ってたのに!!　いつぞや、ドンと一緒にネットで見つけてひっくり返りそうになったあの「恐怖の妊娠線」の見本のお腹そっくりになってしまったのです。

さらに、臨月には妊娠腺がおへその周りを取り囲むように出たが、おへそ自体もどんどん盛り上がってきてびっくりした。内側からどんどん押されるので、靴下を裏返すように中身が出てきてまるでデベソのようになっているではないか。自分の体とはいえ、この変化にはただただ驚くばかりであった。

妊娠32週〜33週●9ヶ月前半

赤ちゃんの姿勢

産休に入ってからは、ストレスがなくなったせいか、地下鉄の駅の階段を上り下りして通勤しなくなったせいか、お腹の出っ張りの角度が急に増したような気がした。先輩ママたちに、

「7ヶ月すぎたころから、お腹の赤ちゃんがぐうーんと大きくなるわよ」

と言われていたけれど、まさにそうだった。

カプちゃんは、もうお腹の中で自由に身動きとれないくらい大きくなっているらしく、いつも私の左胸の下から下腹にかけて、お腹の左半分だけがこんもりと肉厚な感じがして、どうやらそこに丸まった背中が押し当てられているような形なのだった。

そして、右胸のすぐ下あたりには、ときどき、ボコ、ボコとどんがった出っ張りが現れ

る。どう見ても、私のお腹を蹴っているカプちゃんのかかとなのである。察するに、カプちゃんは頭を下にして、右側のお尻を私の方に向けていると思われた。

手足がむくむ！

９ヶ月前半の検診で超音波を見たら、カプちゃんの格好はまさにその通りだった。私の体重は妊娠前のプラス7キロ、子宮底の長さは28・5センチにもなっていた。幸い血圧は元の通りで尿タンパクなどもなく順調だといわれたが、朝起きるとグーができないくらい手の指が痛くなるようになってきていた。指輪がきつくて全然入らなくなり、どうやら手がむくんでいるのだと気が付いた。

夜には、足もだるくなってきて、なかなか眠れなくなった。妊娠末期はただでさえ、夜中に何度も目が覚めてしまう。

これは、もうすぐ赤ちゃんが生まれて3時間おきに授乳しなくてはならない生活にはいるので、その準備をしているのだという説もあるが、これがなかなか辛い。足のだるさを解消しようと、夜中に起き出してはお風呂場で風呂桶に熱いお湯を張り、足湯をすることを繰り返したが、あまり効き目があったようには感じなかった。

それでも、あとすこしで臨月だなあと思うと、10ヶ月近くお腹の中で飼ってきた生き物が出て行ってしまうのが、ホッとするような、さみしいような気がした。

もう疲れた、早く出てくれ〜、あと何ヶ月うつぶせになれないんだ？　と妊娠中期にはウンザリしたこともあったけれど、臨月も間近になってくると、ひたすらお腹の中にいるのが愛しくてたまらなかった。

お腹の中の記憶はあるの？

ところで、私はこのころから、お風呂につかりながら「大きな古時計」を口ずさむようにしていた。これはいわば私なりの実験で、本当にお腹の中にいるときにカプちゃんが私の声を聞いているとしたら、何度も同じ歌を聞かせていれば、生まれてからもその歌を聞くと何か反応を示すはずだと思ったからだった。

まだ平井堅のこの歌がヒットする前だったが、私はなんとなくこのメロディーになじみがあって、ふとしたときに口ずさんでしまうことがあり、以前ドンに、

「その歌はるるさんのテーマ曲だね」

と言われたことがあったので、この歌を実験に使うことにしたのだ。お風呂につかると

きだけでなく、昼間、お茶を飲んで休んでいるときなど、ことあるごとに思い出しては、「古時計」の歌ばかり歌うようにしていた。

生まれた直後の赤ん坊は、手足をしっかりと毛布でくるんであげ、お母さんの心臓の音を聞かせるなどして、胎内にいたときの感覚に近づけてあげると安心して寝入るという。また、テレビでやっていた実験番組によると、スーパーのレジ袋をカサカサとこすりあわせる音が、胎内で赤ん坊の聞いている音波と似ていて、夜泣きしている赤ちゃんを安心させ落ち着かせることができるとも言っていた。赤ん坊は、確実にお腹の中にいた時のことを覚えているらしい。

そのころに読んだ新聞記事で、横浜の産婦人科医が、小さな子供たちに胎内や出産の記憶があるかどうかを聞き取り調査した話が載っていたが、それは非常に興味深い内容だった。2歳から7歳までの79人の子供たちに、母親を通じて胎内の記憶について聞いたところ、「暗い」「赤い」などのほか、「ぐるぐる回っていた」「泳いでいた」などと答えた子供たちが多かったという。

お産の記憶についても、「早く出たいと思った」「痛い」「落っこちる感じ」といったもののほか、「ママのがんばれという声が聞こえた」というのもあったそうだ。母親が難産だったという7人の子供たちは、全員「落ちる」「冷たい」などというマイナスイメージだった。

最も印象的なのは小学一年生の男の子の話。以下少々抜粋する。その子は、「学校の作文で『おかあさんのおなかにいるときにほうちょうがささってきて、あしをつかまれておしりをたたかれた』と書いていた。『先生に聞きたいこと』がテーマ。『おかあさんはゆめでしょうといっています。ぼくはちがうとおもいます』と先生に問いかけていた。母親に聞くと、帝王切開で逆子だった」（朝日新聞2001年9月23日の記事より）

知り合いの先輩ママが、私が妊娠したことを知って、似たような話をしたことがあった。

彼女が言うには、

「お母さんのお腹の中の記憶、3歳頃まであるらしいの。だから、子宮の中がどんなだったかという先入観を持つようなことをいっさい教えないでおいて、言葉が通じ始める2歳ごろに、突然『ママのお腹にいるとき何していた？』って聞いてみるといいよ」

というのだ。ちなみに、彼女が自分の娘が2歳になったときに聞いてみたら、

「麦茶飲んでた」

と答えたそうだ。

ほー。納得するような、ちょっと神秘がかっていて怖いような。でも、私はすっかりその気になって、カプちゃんが2歳になる頃にぜひ聞いてみようと思った。

「ママがいつもお時計の歌を歌っていたのが聞こえたよ」

なんて言ったらすごいなあ、などと想像しつつ……。ほんまかいな。

妊娠34週〜35週●9ヶ月後半

ヨガ教室に通う

12月に入って妊娠34週目をむかえたころから、T産婦人科で週一回開催しているヨガ教室に通うことにした。

ヨガの先生は、自宅出産を専門にしているフリーの助産師さんで、30代後半くらいのステキな女性だった。私はヨガをするのは初めてだったが、最初の教室に参加してとてもびっくりした。動きは緩慢で、いろいろなポーズを取りながら、細く長く呼吸することに集中するだけなのだが、終わると汗をぐっしょりかくぐらい体が温まるのだ。これがヨガなのだと思った。チャクラが開いている感じと申しましょうか?

思いっきり体を伸ばしながらこれ以上吸えないというくらい息を吸って、またゆっくりゆっくりとふうーっとできるだけ長く息を吐くのを繰り返していくと、どんどん体の中が

空っぽになって行く気がして、頭がすっきり冴え渡るのだ。先生いわく、朝起きたときにやると効果的だというが、起きぬけのボンヤリした頭にこれをやると本当に効く。私はすっかりヨガが気に入って、覚えているポーズだけでも家でやるようになった。

ヨガ教室は、古～いT産婦人科の中で、そこだけは増築したらしい、こぎれいな20畳くらいの広間が会場になっていた。清潔なお風呂とウォシュレット付きのトイレもあり、ああ、このお風呂に入りながら陣痛の間を過ごす人もいるのかな～とボンヤリ考えたら、ここで生むのもいいな、と単純に思ってしまった。

無愛想な院長先生に運命を託す

ヨガの先生に、

「ここでは陣痛の間ベッドにいなくてもいいんですか？　分娩台じゃないところでよつんばいで生みたいといっても聞いてもらえるんでしょうか？」

と相談してみると、

「ああ、T先生だったらなんでもアリよ。相談してみたらいいんじゃない？　ここは個室だから、陣痛中に好きな音楽だってかけていられるし」

という。私はそのひとことで、血圧のことを指摘されて以来助産院をあきらめるかどうか迷っていた気持ちにやっと区切りが付いた。

さて、そう決めれば、無事にお産を終えるまで、泣いても笑っても、ダンディだけど無愛想な院長先生とのつきあいは続くことになる。そう覚悟を決めたら、院長先生をできるだけ好きになろうと決めた。

そう思いながら検診に臨んだある日、新生児を抱いたお母さんと待合室で一緒になったことがあった。私は赤ちゃんに興味しんしんで、その表情や着ている服などを眺めていたのだが、そこへ診察室から出てきた院長先生が偶然通りかかった。

すると、先生は、「おっ」と赤ちゃんを覗き込み、ついぞ私の見たことのないような優しい笑顔で「ベロベロ〜!」とあやしたではないか。私はすっかり度肝を抜かれてしまった。

無愛想で言葉少ない院長先生は、妊婦よりも赤ちゃんのほうが好きなんだ! と分かった瞬間である。そうか、それならば、うちのカプちゃんのことも、ああしてかわいく思ってくれるのかな、と思った。先生の人間的な側面を初めて見て、少しばかり安心した。

夫が浮気？妊婦のネガティブ・モード

ドタバタ暴走気味な私でも
思い返すと
かなりブルーになった日もありました

出産から数年たった今、改めて妊婦時代の自分の日記をめくってみると、幸福感いっぱいの毎日ばかりだったわけではない。ときには、ネガティブな方向に感情が暴走するときもあった。

　たとえば会社で言われた何気ない一言で、過去の自分の嫌な面が芋づる式によみがえってきて、自分が価値のない人間のように思われ、もう誰にも会いたくない、カラに閉じこもって赤ちゃんのことだけ考えたい……というモードに入ってしまったり。

　また、妊娠6ヶ月を過ぎた頃からは、会社で知っている人に会うのを極力避け、建物の反対側のエレベータを使っていたことも。お腹が大きいのを説明するのがおっくうだったのである。

　産休に入ってからは、電話やメールがほとんどこなくなって、会社の人間関係というものについて考え込んでしまったり。残務のことで同僚に電話したら、「今忙しいからかけなおす」と早々に電話を切られてしまい、そのあとずっとかかってこなかったときなどは、もう、立ち直れないくらいの沈み方だった。

「夫が浮気をしているのではないか」という妄想にとらわれて苦しんだのもこのころ。家で一人、帰りの遅いドンを待っていると、消しても消しても疑いが頭をもたげてくる。自分でも、「私って、あえて不安の種を探しているのでは？」と思うほど、頭の中で勝手に妄想ばかりがとめどもなく膨らんで、悶々としてしまうのだ。

　怖くてドンに直接聞くこともできず、すみません、携帯電話チェックとかしました。はい。白状します。まあいろいろと調べて、誤解が解けたときの私は、思わずオーイオーイ、と大声を上げて泣いてしまったりしたのである。

ちなみに、こんな話は、これまでドンにしたことはない。実は私自身、産後すっかり忘れていた。今改めて日記を読み返し、そんなネガティブな感情がたくさん書き付けられているのを見て、自分でもびっくりしている。妊婦はコワイですぞ。妊婦は。

　といっても、妊婦ゆえの情緒不安定によるものというよりも、まあ、もともとの私の持っている性質が、妊娠期の情緒不安定ゆえに強調されていたってことなんだろうけれど……。

第4章

そろそろ出てくるぞ！

妊娠36週〜37週●10ヶ月前半

情緒不安定きわまる

さて、そうこうしているうちにクリスマスもすぎ、12月も後半、臨月に入った。順調に妊娠末期の生活を満喫してはいたものの、そのころの情緒不安定ぶりは、私の妊娠生活でもけっこうピークを極めていた。やはりお産が刻々と近づいて気分が昂揚していたんだろう。ドンも、そんな私に付き合わなくてはならず、ちょっと気の毒なくらいだった。

マルチメディア作家のうるまでるびさんが書いた「にんぷのぷ　お笑いにんぷ観察日記」という本の中で、夫のうるまさんが、

「にんぷと付き合うのは大変です。同じ屋根の下、毎日過ごすのはけっこうキツイかも」

と心情を吐露している。

「にんぷになると女は変わります。どういうふうに変わるかは人それぞれのようで、やた

らと怒りっぽくなったり、泣きまくったり、寝まくる、食べまくる、ゲロ吐いちゃう、便秘になっちゃうなど、とにかくそれまでの奥さんや彼女とは変わります。はっきりいって（略）別の生き物です」。

そうでしょう、そうでしょう。男には理解できん遠い世界に行ってしまうんですね。

そんな状態だったので、大晦日と元旦には、二日続けてドンと大ゲンカになった。ケンカというより、一方的に私が泣きまくって文句を言っていたというほうが正しい。

大晦日のほうは、紅白歌合戦が終わって新年を迎えたので、すぐ近くにある大きなお寺に初詣に行こう、と私が言い出したのが始まりだった。

私は言うまでもなくイベント好きの行事好きで、年越しそば、おせちは欠かせないし、新年を迎えるために鏡餅を飾り、お正月用の花まで玄関に活けて、万全に正月を迎えようと準備していた。

この赤ちゃんが生まれる特別な年を迎え、お寺の除夜の鐘の音がすぐ近くで響いているというのに、お寺にお参りに行かないなんていてもたってもいられない気持ちだったのだ。

ところが、

「はあ？　こんな夜中に？　寒いよ！　妊婦なんだから、少しは考えろ。何いってんだ」

とドンに一蹴されてしまった。

さあ、ここからがネチネチ長～い私の反撃である。

「寒いから体によくないとか言っちゃって、自分が寒くて面倒なだけでしょう？　昨日の夜は、ドン・キホーテに大掃除グッズを買いに、夜の11時頃のこのこ出かけて私を平気で連れ回していたくせに、今日は私の体が心配だからとか言っちゃってさ。私がそういう縁起担ぎとか大事にする人間だって知ってるくせに、お産で不安だから安産祈願したいだけなのに、そういう気持ちもくんでくれなくて、そんな風に簡単にダメだとか言って……。だいたいドンは私が大事にしているものに興味あるわけ？」

みたいな話にまでなってきて、なんかドンの人格そのものに対する不満爆発みたいになってきていた。

ドンはふえっふえっとしゃくりあげながら訴える私に面食らったらしく、

「何いってんだ？　こんな夜中に、臨月だというのに初詣に行くとか言い出すからやめろって言っただけだろ？　なんでそれがそんな話になるわけ？」

とウンザリしたように言った。

ウンザリされるとこれまた私は、

「ほうら、分かってない。私の言うこと分かってくれない」

みたいになってきて、もう、雰囲気どよーん。正月気分も台無しである。

結局私のあまりの怒りぶりに、その後お寺へ初詣でに行ったのだが、お寺は新年を迎えて御神輿が出て、たくさんの提灯でこうこうと照らされ、屋台も出現してとても賑やかだった。近所ではあったが、新年あけてすぐにお参りに来たのは初めてで、その賑やかぶりに私はすっかりわくわくし、夜店で甘酒を買って、ゴキゲンになった。行列していて鐘を打つことはできなかったが、安産祈願をして気が済んだ私はなんとか心穏やかに元旦を迎えた。

ところが、元日の夜のことである。次の2日に、車で30分くらいのところにある私の実家に顔を出すことになっていたが、私が、

「あした、お母さんがおせち料理用意して待ってるから、午前中なるべく早い時間に顔を出したいんだけど」

とドンに言うと、ドンがちょっと嫌そうな反応をしたので、私はまたブチ切れてしまった。ドンはこう言ったのだ。

「えー？　じゃあ、るるさん実家に送り届けてから、午後は俺一人で車で遊びに行ってい

い?」

その言葉に、私の神経は音をたててブッツンとキレた。

「ええ、そうでしょうとも。ウチの実家なんかで長々と過ごすのは、ドンにはつまんないでしょうよ。ドンは一人で車で走ってたりパソコンいじったりゲームやったりしているのが好きなんだから、私といっしょになってそりゃあ不自由でしょうよ。ほんとは子供だって、欲しくなかったんでしょ!」

と、言っているうちにみるみる私の目からは涙があふれ、食べていたおそばの汁の中にポタポタとたれた。

「なんでそんな話になるわけ?!」

もはや、因縁つけてるとしかいいようのない私の過剰反応に、ドンはすっかり仰天していた。

翌朝、結局一緒に私の実家に行ったドンは、皆でおせち料理を食べておとそを飲みながら、

「いやー、るるさんはお産間近でナーバスになってるみたいで大変です」

と愚痴っていた。

だんだんと父親になる

とにかく、そのころ私はちょっとしたドンのひとことでも、ものすごく不安になったり悲しくなったりするのだった。些末なことも人生の重大事のようになってしまうのである。もちろん、初めて体験するお産という未知の痛みに自分が耐えられるのか、その痛みの続く間、果たしてドンが頼りになるのか、その心配がそろそろ実感として感じられるようになってきたことも、情緒不安定に拍車をかけていた。

ドンがお産に関して今ひとつ協力的でないように見受けられるたびに、私は、

「ほんとにこの人は父親になるんだろうか？　というか、この人が夫でよかったのか？」

などと根本的なところまで考えが行ってしまうのだ。

自分が、望む望まないにかかわらず、お産によって自分の人生はまったく変わっていく。もう、勝手気ままな、自分のことだけ面倒見ていればよかった一人＋一人の共同生活は終わりをつげ、これからは家族としてドンとタッグを組み、一人の子供の親となって行かなくてはならない。そう覚悟しなくてはいけない中で、今ひとつなんだか変わり映えのないドンに対するいらだちが、私を攻撃的にさせていた。

それから数日後、ドンだけが故郷の静岡に一泊で帰省した。さすがに臨月で長時間のド

ライブは憚られたので、私は東京でお留守番だった。その晩遅く、ドンが電話をかけてきた。めずらしく、ドンのお父さんとお母さんと3人で、日本酒を酌み交わしているのだという。

「俺の生まれたころの話を聞いてるんだ。今まで聞いたことのない話もある」

ドンはほろ酔い気分で私に言った。ドンのお母さんが電話を替わり、

「自然に任せていれば大丈夫だからね」

と言ってくれた。

私はなんだかとてもうれしかった。ドンの家族は、私とは違ってものすごく関係が淡泊で、親子で遠慮しあったりしているような家なのだ。ドンは大学のとき東京に出てきて、それ以来ずっと東京で暮らしている。大人になってから、改めてご両親とじっくり話し合う機会も少なかったようだ。

それが、40も過ぎてようやくドン自身が子供を持つことになって、初めて両親に自分の生まれたときのことをゆっくり聞いているという事実に何か感動した。実家から帰ってきたドンが心なしか私に対して優しくなった気がしたのも、まんざら気のせいではないと思う。

夜、布団を並べて横になっていると、ドンがしみじみと言った。

「るるさんは、もう10ヶ月も赤ちゃんとコミュニケーションしているんだからなあ」

確かに、10ヶ月も自分のお腹にいて、動いたりするのがかわいくて話しかけたりして育ててきたわけだけど、ドンにしてみれば、人のお腹でモゾモゾと動いている生き物にすぎない。私が以前妊婦さんたちのお腹に触れて、「あ、赤ちゃんが動いている！」と思ったときのことを考えると、ああ、生きものがここにいるんだな、という驚きはあったが、「これぞ生命の神秘！」という感動とまではいかなかった。

やはり、自分のお腹の中で生命が育っているという実感は、横で見ているのと実際体験しているのでは、本当に天と地ほども違う。男の人が、赤ちゃんが生まれて、「あなたのお子さんよ」

と目の前に差し出され、だっこしたり世話したりして一緒に過ごすうちに初めて、ようやく父親になっていけるというのは、いわば当然のことだ。私は10ヶ月前に母親となるスタートを切っているけれど、ドンは10ヶ月分スタートラインが後ろにある。カプちゃんが出てきてから、だんだんと私に追いついてくるに違いない。

「まあ、ドン、ゆっくりやろうよ」

お産の痛み

お産の痛みとはどんなものなんだろうか？　人によって表現はいろいろだ。「お腹が4tトラックにひかれているような感じ」といった人もいたし、「体が二つに割れるよう」といった人もいた。知人のママは、

「どんな痛みだったたか、喉元過ぎるとナントヤラで具体的には忘れてしまったけど、『こりゃあ地獄やわ……』と思ったのだけは覚えている」

と言っていた。

お産が進んできて、もうすぐ生まれるというときになると、本によれば、「ものすごくいきみたくなってきますが、ここでいきむと会陰が破れてしまいます（オーマイガー！）。医師や助産師がいきんでいいというまでがまんします」という。何度も何度もお産の推移について本で繰り返し読むたびに、私はここのクダリにひっかかるのであった。

いきみたいのをがまんするというのは、やはり、電車の中や会議中にお腹をこわしてどうしてもトイレに行きたくなったときに、冷や汗をかきながらがまんする、あの感じを思い出してしまう。「頭痛っていうのはなんとかがまんできる。でも下り腹をがまんするのは何にも増して辛い」という人がいたが、私もそう思う。

とくに私は、シモに関する感覚が子供に近いというか、突然トイレに行きたくなる人間なのである。この私の性質については、早くから自分で気づいていた。シモがかった話で恐縮だが、とにかく、海外旅行で知らない町を歩いている途中や、長時間のドライブ中など、トイレがなかなか見つからない状況のときに限って、スコーンと便意が降りてくるのである。これまで、なんとか、世にも恐ろしい事態だけは奇跡的に避けることができたのは、みずしらずのたくさんの人々のお助けのおかげである。

私とよく旅行をしたマリちゃんに言わせれば、あるときはタイの田舎の村の図書館で、ある時は台北の車のショールームで、とにかくどこででも「緊急事態」ゆえに迷いなく「トイレ貸してください」と頼み込める人間なのだそうである（私はそういう恥ずかしい思い出は忘れてしまうのだ）。

そのマリちゃんが不思議がるには、

「そんなにギリギリになる前に、トイレをすませておくのが大人ってもんだよ。どうして緊急事態になるまで行かないの？」

ということだった。

私はマリちゃんにこういわれて初めて気づいた。おそらく私は、自分がトイレに行きたいかどうか、何かに夢中になっていると気づかないのである。子供と一緒だ。「あ！　行きたい！」と思ったときは時すでに遅し。強烈な尿意、便意が私を支配してしまうのだ。汚い話ですみません。

「いきみをがまん」って？

とにかく、何が言いたいかというと、ウ○○をこらえるなどというのは私にとって本当に苦手なことなのだ。得意な人というのもいないと思うが。そんな私が、「いきみたいのをがまん」しなければならない、お産の時間を乗り切れるのだろうか？　がまんできずにふんばっちゃったりしないだろうか？

そんな心配をする私に、そのころ子連れで遊びに来た先輩ママが、決定的な証言をした。

「お産が進んできてさー、すっごく大の方がしたくなっちゃったわけ。それでも、がまんして、がまんして、ヒッヒッフーてやってたんだけど、もう、がまんし切れなくなって叫んじゃったの。『すみませーん！　ウ○○が出そうです！』って。そしたら、助産婦さんが叫んだの。『それが赤ちゃんよ！』って」

ガーン！　やはりそうか。区別が付かないんだ！　似てるんだ！　私は打ちのめされた。

私は複数の証言を求めるべく、

「便意を我慢するのと似ているのか？」

と何人かに聞いてみた。姉は、

「はあ？　全然違うよ！」

と一言で終わってしまった。高校の同級生の友人ママにもメールで聞いてみると、この質問に爆笑したらしく、

「まあ、お産って確かに10ヶ月分の便秘が解消されるようなもんかもね。でもそんな心配も吹き飛んでしまうよ、実際のお産は」

という返事だった。

心配しても始まらないのだが、その瞬間を考えると、不安の渦に入り込みそうになるのだった。あまりの不安に、ドンにまでその内容をうちあけてしまったくらいだ。ドンは、私がナーバスになっている最大の理由を知って衝撃を受けていたようだった。ドンは帰省したときに、お義母さんにまでその話をしてしまったのだ。電話で、

「便意を我慢するのとは全然違うからね」

とおだやかにと慰められ、なんか情けなかったです、はい。

妊娠38週●10ヶ月3週

正期産

出産予定日の前の三週間と、後の二週間、計五週間の間に赤ちゃんが出てくるのは正常なお産で、正期産というそうである。私のお腹にいるカプちゃんの予定日は1月17日、私の父と同じ誕生日だったので、正月を過ぎてまもなく、いつ出てきてもおかしくない態勢に入ってきていると思われた。とはいっても、1月11日の検診では、出産前の体重より7キロ増、腹囲は95センチ、子宮底長は32センチ。とくにお産が近づいているという様子もないらしく、尿検査も血圧も問題なくて、毎度のことながらほとんど口をきかない院長先生に、「じゃあまた来週ね」と言われてさっさと診察室から追い出されてしまった。

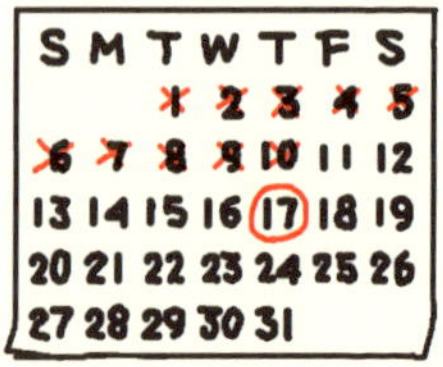

気がゆるんだ

妊娠前よりプラス7キロという体重を維持して臨月を迎えたことで、私はつい気がゆるんだのだと思う。この日を境に、なぜかドカ食いが始まってしまった。

「どうせあと数日で出てくるんだから」

と、何かがプチーン、と切れて、解禁してしまったのである。いままで極力我慢してきた生クリームたっぷりのケーキ、チョコレートタルト、赤ちゃんが生まれたら外食もできないだろうと、焼き肉屋になど行ってハラはち切れんばかりに（もうほとんどハチ切れているが）食べてしまったりした。

干イモだの、干イチジクだの、小魚だのをおやつにかじっていたこれまでの反動が思いっきり出たのだ。しかも、食べ過ぎがたたってなんだか体も重いし、とその一週間は散歩までさぼりがちになってしまった。さあ、カプちゃんよ、出てこい、出てこい、とドカ食いしながら、今日か、今日かとお産を待っているうちに、いよいよ1月17日がやってきた。

妊娠39週●10ヶ月4週

予定日来たる!

前の晩はヘンな夢ばかりみるし、ドンはガーガーいびきをかくしで、ろくに眠れなくって、妙な興奮状態が続いていた。弱ーい生理痛のような鈍痛がずっと続いていた。これが陣痛になっていくのかなあと思うのだが、強まる気配もない。股間の骨が痛いなあと思いながらも、動いた方がいいと部屋を掃除していると、友人のマリちゃんから電話がかかってきた。

そのころ、彼女ともう一人の友人ミカちゃんと3人で企画した本が、ある出版社から出版されることになり、その編集作業が佳境に入っていた。が、私はと言えばこんなハラボテ状態なので、体に無理のない程度にほそぼそと原稿の整理を手伝っていた。

マリちゃんは、

「ああ、まだ入院してなかった！　よかったー」

とほっとしたように言った。そして、

「行数がすごーくオーバーしちゃってる原稿があるんだけど、3分の2くらいに縮めてもらえないかなあ」

という。なんじゃ、仕事かい?!　マリちゃんは執筆の方で忙しくて、とても手が回らないらしい。よ〜し！　予定日だけど、まあ、お産の気配もないし、と考え、私は、

「いいよ〜。メールで原稿送って」

と答えていた。

予定日の1月17日の日記には、そのころの私がよくしていたスタイルが図解してある。

クリスマスに私の母がくれた赤いフリースのカーディガン（お腹がすっぽり隠れるだぼだぼのもの）、妊婦用パジャマのチェックのズボン（下にはフリースで作った短パンをはいている）、フリースのレッグウォーマー、フリースのルームソックス……とまあ、みごとなまでにフリースで全身を覆い、全身が静電気でバチバチいってる感じである。

その図の横には、こんなメモがある。

「最近の私。女じゃないどころか人間じゃない感じ」

そう、まさに着ぶくれのボールに足が二本生えている感じで（妖怪？）、とても人に見せられるシロモノではなかった。

そんな格好で、パソコンに向かってマリちゃんの原稿の整理をしているうちに1月17日は過ぎてしまった。

なーんだ。結局、私の父と同じ日には生まれなかったなあ、と思っていると、夜、会社の先輩女性から電話があった。

「まだ家にいるっていうことは生まれてないんだね」

という。

「でも、いいよ、今日生まれない方が。今日はやっぱり、悲しい日だからね」

その先輩女性は関西の出身だからということもあったのか、阪神大震災の悲しい記憶が満ちた日よりは、違う日の方がいいよ、と言った。

関係ないが、私の父も大阪の生まれである。父は自分の誕生日に故郷が震災に見舞われたことになにか因縁めいたものを感じていたらしいが、もしこれで孫も同じ日に生まれてきたら、きっとさらに不思議な縁を感じたに違いない。それはそれで、父にとっても私にとっても、いろいろと感じるところの多い誕生日になったと思われた。結局そうはならなかったけれど。

生まれかわり？

話がまた少しそれるが、この数日前、1月14日に、ドンのお祖母さんが97歳で亡くなった。そのつい3ヶ月前に、ハラボテの私は、一度だけこのお祖母さんにお会いしたことがある。私たちは結婚式もあげず籍も入れていない事実婚だったので、それまでお祖母さんとは会う機会もなかったのだ。

「お腹の中にいるのはひ孫ですよ」

と私がいうと、お祖母さんは私のお腹をうれしそうになでてくれた。

ドンも故郷の静岡を離れてはや20数年、お祖母さんとはそれ以来めったに会っていなかったというが、亡くなる少し前に、お腹の大きい私を連れてお祖母さんを何年かぶりに訪ねたのは、何か虫の知らせのようなものだったのかもしれないと今思う。だから、お腹から生まれてくる子はお祖母さんの生まれ変わりかもしれない、などと私たちは話したりした。実際には、私のお腹にカプちゃんが発生したのは、もう10ヶ月も前の話なんだから、全然関係ないとは分かっていたのだが、とにかくそのときは人の生や死に敏感になっていた。なにか、宇宙的な時間の流れている無限の空間の扉から、出て行く人と入ってくる人と、入れ替わっていくような。

ドカ食いのツケ

さて、翌日の18日は検診の日だった。もう生まれるんだし、と思ってドカ食いしてしまったツケが、なんと、この日の検診でてきめんに現れた。診察室に入り、いつものように体重計に乗ると、体重計の針はビヨーンと62・8キロを指したのである！（体重計も古いのでデジタルではないのである）先生はじーっとそれを見つめ、ギロリ、と私を横目で見てひとこと、「油断したね？」と言った。

私はひゅーっと気が遠くなってしまった。

し、しまった！　寝そべって子宮底長を計ると、な、なんと、38センチ。なんで一週間で6センチも増えるわけ？　先生は、寝そべった私のお腹を触り、「でかい！」と思わず叫んでいた。最近しばらく（たぶん先生が怠慢こいて）やっていなかった超音波でひさびさにお腹の中の様子をうかがってみると、ガガガーン!!　カプちゃんの体重は、すでに推定3347グラムになっていたのである！

これには、さすがに開いた口がしばらくふさがらないほどの衝撃を受けた。３０００グラム以下で産むために、せっかく、ついこの間まで食べ物にも気をつけて、毎日万歩計つけて歩いてきたのに。このツメの甘さがまた、自分のこれまでの人生そのものを反映しているようで、なんだか腹立たしかった。

しかも、内診を終えた先生は、

「うーん、産道はだいぶ柔らかくなってきてるようだけど……。子宮口が開くところまではいってないね」

という。

でも気を取り直したように、

「一週間遅れるってことはないと思いますけどね」

と付け加えた。私はすがるように、

「どうしたらいいんですか?!」

と泣きそうになって聞くと、

「とにかく歩きなさい」

それからは先生に言われたとおりに、多い日は一万歩を超えるほど、散歩しまくった。

予定日を過ぎてからは、ドンは会社で私と共通の知人に会うたびに（ドンと私は同じ会社に勤めている）、「るるちゃん、生まれた？」と聞かれるらしい。

「もう、『まだなんですよ』って説明するの疲れたよ！　早く生まれてくれ〜！」

とドンは毎晩、私のお腹に向かって話しかけた。もう、妊娠線はおへその周りまで取り囲み、前方に異常なほどお腹はせり出してしまっていた。

ドンは、習慣となった毎晩のお腹の撮影時に、私の下腹の部分に三角定規をあてがい、

「おおー！　ほぼ直角に飛び出している！」

などといって感心したりしていた。

寒いので、前の年に買ったぶだぶのロングコートを着込んでピョコピョコと左右に大きく揺れながら散歩する私は、ハンプティ・ダンプティというか、コウテイペンギンというか、なんかもはや、ドンに言わせると「人間ではない感じ」らしかった。

ママの体の中は赤ちゃんでいっぱい

夜は、膀胱をぎゅーっと圧迫され、ずっと残尿感が消えず、夜中の12時頃ウトウトと眠っても、朝3時頃にまた起きてしまう。なかなか寝付けなくて、やっと眠れてもまた6時

頃に目が覚めて、強めの生理痛のような鈍痛でもう眠れなくなってしまうのだった。本によると、子宮が活発に活動するのは朝の4時頃から7時頃らしく、「はあ、それで朝いつもお腹が痛いんだなあ」と納得した。

以前、イギリスのお産のドキュメント番組をテレビで見たことがある。「臨月のお母さんのお腹の中は、大変なことになっています」とのナレーションのもとに、お腹の中の様子がCGで説明されていた。それによると、臨月の妊婦の臓器は、みぞおちの上の方にまで押し上げられ、お腹の中はほとんど赤ちゃんでいっぱいなのだった。

私はその映像を見て、「うーむ、まさに子持ちシシャモ！」となった。子持ちシシャモは、痩せてほっそりしたボディなのに、お腹だけがプックリとふくれ、たまごがいっぱいにつまっていて、なんか母というものの憐れを誘うのだが、まさに臨月の妊婦は、同じように、体のほとんどが赤ちゃんで埋め尽くされているのである。母体のために本来存在している胃や肝臓やさまざまな臓器はキューッと脇においやられ、巨大化した子宮だけが胴体のほとんどを支配しているのである。想像するとなかなかシュールですらある。

妊娠40週●予定日から6日後

前駆陣痛

予定日から6日が過ぎた23日頃から、お腹が強めに張るようになった。いよいよか?と思い、会社に出かけるドンに、

「今日生まれるかもよ!」

と言っては、そのまま夜を迎える日が数日続いた。前駆陣痛といって、本物の陣痛がくる前触れのようなもので、痛みが不規則だったり、退《ひ》いてしまったりするものらしい。後から思えば、本物の陣痛にくらべれば、こっちはやはり「ニセモノの陣痛」と明らかに言えるほど、弱いものだったけれど、当時の私にはもちろんニセモノか本物かの区別は付かない。

結局一週間が過ぎて、また検診の日が来てしまった。この日も朝からズーンとお腹が痛

くなっては退いていく、という状況で、朝6時頃目が覚めてしまった。

洗濯機などを回して、ジュースを飲んだりするのだが、ここんとこ睡眠不足で、体がくたびれていたので、これじゃあお産を乗り切れん、とまた布団に入って横になっていた。

午前中ずっと、

「これが陣痛かも……」

とつぶやいては、

「今日だ、今日こそ生まれると思う。今日入院だ」

と私がブツブツいっているので、ドンは、

「とりあえず会社に顔出してくるけど、早めに帰ってくるから」

と言い残し、出かけていった。

もういいからいいかげん出てきて

お産の痛みががまんできるのだろうか？　とずうっと不安だったが、もう今では、「なんでもいいから、いーかげん生まれてこい！」と祈るばかりになっていた。

お腹はひきつれて動くのも大変だし、どんどん赤ちゃんは大きくなっちゃってるみたいだし、もう、お産の痛みがコワイとかなんとか言っていられなくなってきたのである。

私はこの生理痛の強いみたいな痛みを、なんとかこのまま陣痛につなげるべく、昼ごろに起き出すと部屋中を掃除し始めた。先輩ママが言うには、

「とにかくシコを踏みまくれ！」

ということなので、相撲取りのようにシコも踏んでみた。

そうこうするうちに夕方になり、早めに帰宅したドンと車で病院へ。入院の荷物を持って出ようとする私にドンは、

「まだいいんじゃん？」

と落ち着き払っていう。病院に着いて内診すると、先生は、

「子宮口はやっと1センチくらい開いてる感じかなあ」

という。お産が始まるのは子宮口が3センチくらいになってからということだから、まだまだと思われた。

「ちょっとおまじないを……」

と院長先生が言い、グイーと子宮口が押された感じがして私は、

「いたーい!!」と叫びそうになった。

「きもーち、子宮口を前にひっぱっておきました」

（?! ひっぱるって、何?）私は一人パニック。先生はケロっとして、

「強めの内診をしたので、出血するかもしれないけど、あわてなくていいです」

という。

分娩台に横になるの図

診察を終えると、明るくてハキハキした助産師さんが現れ、自己紹介をし、ドンとともに、私を二階の分娩室へ連れて行った。分娩監視装置で赤ちゃんの具合を見るという。

分娩台に横になるのは初めてで、緊張する。お腹にベルトのようなものを巻き付けて横になると、助産師さんが膝に毛布を掛けてくれた。そのまま10分くらい横になって、赤ちゃんの心拍数とお腹の張り具合を折れ線グラフで記録するのである。

「分娩台に横になる、るるさんの図！」

とドンはデジカメで写真を撮っている。

ときおり、お腹がきゅーっと張ると、140くらいのカプちゃんの心拍数が、見る間に160くらいまであがっていく。

「赤ん坊も大変なんだなぁ」

と、グラフを眺めながらドンは感心している。

この張りが強くなっていくと陣痛になるらしいのだが、グラフを見て助産師さんは、

「まだまだねえ」

とつぶやき、陣痛が始まった人のグラフを見せてくれた。

それを見ると、私のグラフは、きゅーっとお腹が張ると高い数値を示し、急な山を描くのだが、すぐにまた低い数値に戻ってしまう。だが、陣痛の折れ線グラフは、私のグラフが描く線よりも、ずっとずっと高い数値まで跳ね上がり、しかもその高い数値のまま台を描くようにして数分間下のほうへなかなか降りてこないのである。

その折れ線グラフが描くグキグキと激しく険しい山々に、私はすっかりビビってしまった。その線から察するに、今の私のお腹のハリの数倍も激しく、長い痛みが予想される。ほんものの陣痛は、こんなもんじゃないんだ、もっともっと激しいんだ……と、ビジュアルにして示してもらって、なんか気が引き締まる思いがした。

すると助産師さんが、

「タケナカさんもまだ生まれないのよ」

と世間話を始めた。タケナカさんとは、このT産婦人科のヨガ教室でしりあった妊婦さん。予定日が1月16日で私と一日違いだったので、私たちはなんとなくお互いがいつお産になるかを気にしていた。助産師さんは、

「タケナカさんも、橋上さんはもうお産になりましたか？　て気にしていたわよ」

とおもしろそうに言った。私も診察のたびに、

「タケナカさんはもう産んじゃいましたか？」

と聞いていたので、どっちが早く生まれるか、助産師さんたちの間でも話題になっているらしい。とにかく今のところは二人とも約一週間の遅れである。

赤ちゃんが決めること

いつになったら出てくるんでしょう？　と不安そうに分娩台の上から聞く私に、助産師さんは、

「この子が出てこよう、って思わなければ、お母さんがいくらがんばったってダメなのよ」

という。

「でも、あした、あさっては雪が降るらしいから……低気圧が近づくと、お産が増えるの」

へぇー。初耳。なるほど、気圧が下がると赤ちゃんも出てきやすいのか。不思議なもんだな。じゃあ、あしたかあさってか。と、思っていると、

「(4日後の)29日は満月でしょ。それに大潮もくるから、いずれにせよもうすぐよ」

と助産師さんは私を元気づけてくれた。

そうそう、赤ちゃんは満月の夜にたくさん生まれるのである。潮の満ち欠けとともに、赤ちゃんも月に引っ張られるのだろうか。ふだん暮らしていると感じたことのないような地球のリズムに、お産はしっかりとのっかっているのだ。

半月前の新月の時も、「新月にもお産が多い」と聞いて、カプちゃんがもしかしたら予定日よりもちょっとだけ早めに出てくるかもしれないと期待したが、そんなこともなく過ぎ去った。今度の満月でいい加減に出てこなければ、過期産突入の道にまっしぐらだ。デカくなりすぎて帝王切開なんてなったらシャレにならんぜ。

こちとら入院する気満々で、いちおう荷物も持ってきたというのに、監視装置で見てもらった後はすんなり病院を追い出されてしまった。ドンと私は、またもや最後の晩餐と銘打って、近くの神戸屋キッチンに行き、パン・サラダバーをお代わりしまくり、腹はち切れるまで食べてしまった。もう、何度目の「最後の晩餐」なんだ?

次の日は、土曜日。助産師さんの言っていたとおり雪になった。しかし低気圧もなんのその、カプちゃんは結局出てこなかった。

「よっぽどお腹の中が居心地がいいのね」

と、実家の母やらマリちゃんやら電話をくれた人たちが皆いう。しかし、昨日の内診で「子宮口をひっぱってもらった」効果はあるのかないのか、出血もなく、その日は過ぎた。

予定日から10日後

これはなに？

ところが、次の日曜日の朝のこと。トイレに行くと、少し血の混じった透明なゼラチンのようなものを発見した。

これまでには目にしたことない物体である。私はすっかり焦ってしまい、病院へ電話した。主治医とは言っても、日曜日の朝に電話するというのはやはり気が引けるものである。しかも相手は無愛想な院長先生。

おそるおそる、

「あの、ゼリー状のものが出てきてるんですけど……」

と尋ねると、

「それでいいんです」

と、ひとこと。あとは、シーン。先生、私のこと、キライ？

この日は低気圧が去って、曇り空が次第に明るくなってきたので、午後はとりあえず、世田谷の砧公園に散歩に行くことにした。じっと家で待っていてもお産は誘発されないので、とにかく、歩いて歩いてカプちゃんに出てきてもらう作戦である。

砧公園は、ちらほらと梅が咲き始めて、冷たい空気の中にもちょっとした春のうずきが感じられるような湿った土のにおいがした。

あてどもなく公園の中を歩き回り、売店であったかい肉まんとお茶と紙の模型飛行機を買った。日が傾き始める頃にはすっかり空が晴れてきて、透明な光線が斜めに線を描き、ちぎれ飛ぶ雲が銀色に照らされている。

紙飛行機を飛ばしながら、なんて美しい空だろうと思った。小さな女の子を連れた父親が、かけっこして大声で笑い合いながら枯れ草の上を走っていくのが、西陽に逆光で浮かび上がるのを、ドンと無言で見つめた。

木々の芽も私の腹も膨らんで

この散歩は、後々になってもはっきりと思い出すほど印象的な時間だった。今か今かとずっと緊張状態が続いていた一方で、信じられないほどの静寂。

嵐の前に、いっしゅん風が凪いで、まったく物音が止んでしまうような。命の芽吹きへの期待いっぱいにエネルギーをため込んでいる、大地や木々の無言のチカラがそこかしこに静かにみなぎり、そして私のハラも心も、パンパンに膨らんでいた。カプちゃんにもうすぐ会える。あと数十時間で会える。今になって、このとき梅の木の前で撮った自分の写真を見ると、お肌がつやつやして、すごく若く、エネルギーがみなぎって見える。

帰り、駐車場でふと空を見上げると、暮れ始めた空に、まんまるの月がぽっかりと浮いていた。

「月、満ちる……」

私は思わずつぶやいた。正確には満月はその二日後のはずだったが、それでも、もう月は十分に膨らんでいると思った。「いよいよだな」。私は覚悟を決めた。

公園から帰ると、朝よりも激しい出血があった。「おしるし」である。その夜、陣痛を今か今かと待ちながら布団に入った。しかし、結局陣痛は起こらずに朝になった。予定日を過ぎて10日目のことである。

予定日から11日後

赤ちゃん布団に興奮！

次の日、月曜日。私の両親が、お宮参り用のお手製ベビードレスを抱えてやってきた。父は、

「すごいハラだなー。赤ん坊はいったいどうしちゃったんだ？」

と焦りながらも、いつ赤ちゃんが来てもいいようにと、居間や寝室、庭をピカピカにしてくれた。

私と母は、おまじないのつもりで、買ってあったカプちゃん用のベビー布団を、私の布団の横に敷いてみたりした。それは黄色いひよこの柄で、どれにしようかさんざん悩んだ末に、西松屋で購入したもので、高級なものではないが、愛嬌のあるお布団だった。

ドンの緑の布団、私のピンクの布団、そしてカプちゃんの黄色の布団。和室はいろとり

どりの花畑のようになった。小さな布団に赤ちゃんが寝る様子を想像すると、みぞおちのあたりがバックンバックンと爆発するほど興奮し、「はやく出ておいで～」と心の底からお腹に向かって話しかけた。が、結局その日も出てこなかった。

予定日から12日後

子宮口2センチ

予定日が過ぎて12日目。またもや検診の日が来てしまった。40週を過ぎたので、一週間に二回検診に行かなくてはいけないのである。

先生は、

「う~ん、子宮口2センチくらいかなあ」

とかいいながら、またもや「今夜くらいにお産が始まるためのおまじない」をされた。手で無理矢理子宮口を押し開いているような感じで、それはそれは暴力的な痛さなのである。

(ひーっ)と心の中で叫びながらも、先生の職人芸に期待するしかなかった。

「今週中にはなんとかしたいなあ」

とかつぶやいている。ええ。そうですとも。私も強く同意します、先生。

診察が終わると、助産師さんがやってきて、にこにこしながら、

「タケナカさんが『お部屋に寄ってください』て言ってましたよ」

と私に告げるではないか。ガーン！

「う、生まれちゃったんですね？」

と私はクラリと来た。

しかも、なにー？　聞けば、病院に来てから2時間くらいのスピード出産、超・超安産だったと言うではないか。なんとうらやましいこと。初産でも、そんなふうにすんなりお産が行くことがあるのだ。

助産師さんが言うには、

「まあ、タケナカさんの場合は、お家でずいぶんとがんばっちゃったみたいで、病院に来たときはもう子宮口が8センチも開いていたのよ。お部屋に荷物だけ置いて、すぐに分娩室に来てもらったのよ」

ということらしい。

一番辛いと言われる、分娩台の上で過ごす子宮口全開の時間を、ヨガ仲間のタケナカさ

んは、たった2時間しか味わわなくて済んだという話に、私は大変に力づけられた。よし、私もそれをめざすぞ！

タケナカさんの部屋（この病院はすべて個室なのだ）に行ってみると、日当たりのいいベッドでお祝いの花に囲まれ授乳中だった。ベッドの縁には初めてお会いするやさしそうな旦那様が立っていて、メチャクチャ高そうなカメラを抱えて、赤ちゃんの写真を撮っていた。

「おめでとう～タケナカさん！」

私は言うと、近づいて赤ちゃんの顔をのぞき込んだ。

ふにゃふにゃの新生児に触発される！

その赤ちゃんのちっちゃいこと、ふにゃふにゃなこと！　3100グラム、男の子だという。乳を飲み終わると、上を向いて目を閉じ、眉間には、なにか人生の苦渋を舐めているような皺を寄せている。ちびっちゃいのにオッサンのよう。

「フニャフニャだけど、人間だあーっ」

と叫び、あたまをそっと触らせてもらったら、綿毛のように柔らかな産毛。な、なななななんて、かわいいのだぁ〜っ（鼻息）。

私はガゼン産む気になり、

「よし！　今日産むぞ！　何が何でも産むぞ！」

とタケナカさんに宣言した。

ちなみに、ドンはこの日、検診につきそって来てくれていたので、紹介がてらタケナカさんのお部屋に一緒に連れていった。が、彼女が乳をやっている姿に動揺し、入り口近くの離れたところから遠巻きに様子を眺めている感じだった。今思い返すとそのころは初々しかったたな。ドンも。

さあさあ満月よ、カプちゃんを呼び出しておくれ。私は満月パワーに期待して、その日、陣痛がくるのをいまかいまかと待った。が、結局、その晩はいつもの鈍痛以外、何も起きなかった。

朝方5時頃、また目が覚めてしまったので、昨晩の残りのシチューを食べてまた寝た。気が付くと、確かに左あばらのすぐしたあたりを蹴ってボコボコと飛び出していたカプちゃんのかかとが、脇腹ちかくまで下がってきている。

臨月には胃のあたりがすいてきて、食事が食べられるようになるというけれど、本当にお腹がへって食べてばかりいた。もう、カプちゃんは、いったい何キロになっているのだろう？　考えると眠れなくなるので思考を停止。

予定日から13日後

すべてがマヒ

満月が通り過ぎてしまった翌日。予定日から13日のオーバー。ドンもここのところ、毎日お産にスタンバイすべく、夕方には早々に帰宅しているが（通常は深夜帰りの人なのである）、あまりにもそのような毎日が続いているので、「仕事の方は大丈夫なのか？」とふっと不安になった。すると、どうやら会社ではもう、

「生まれたかどうか、誰も聞かなくなってきた」

というではないか。

いまか？　いまか？　という状態があまりにも長く続きすぎて、私自身も、周囲も、すべてがマヒし始めていた。このまま一生出てこないんじゃないかな？　とドンと私はこのころ毎日話していた。

一生腹の中で育ち大人になる赤ん坊。想像するとコワーイ！　私の頭の中には、そのころテレビで見た、体細胞クローン牛の「巨大胎子」の映像がグルグルしていた。

体細胞クローンで生まれる牛は、なぜかお腹の中で大きくなりすぎて、巨大児になって死産に至るというケースが多いのだという。やはり自然界の法則を無視した生命の量産には、何かしらひずみが生じてしまうのだ。あまりにも怖い話だったので、カプちゃんがお腹の中で大きくなりすぎている姿を思い浮かべるたびに思い出してしまうのだった。ああ、頭の中に現れないでくれ、牛！

ＳＦＸ？

フロあがりに、

「今日こそ、カプちゃんの出てくる前の最後の撮影だな」

といいながら、腹の記録を写真に納めてみた。毎日「最後だな」といって、何度目になったのかもう分からない。撮影した画像をドンはパソコンに取り入れ、

「今日の腹は特にすごい。ＳＦＸで作ってるみたい」

と画面に大写ししてシゲシゲと眺めている。そのうち、

「赤ん坊が出てくると、ここがこうへっこんで……」

とフォトショップの画像処理で腹を削り始めた。そして、ショッキングピンクのビキニ水着をマウスで描き入れて、

「出産後のるるさんはこうなる」

と説明した。猫背でアンバランス、乳だけは妙に爆発したヘンな水着姿の私の写真ができあがった。ドンは描きながら涙を浮かべて大爆笑している。もう、どうにでもネタにしてくれ。たしかにこの腹は尋常じゃないもの。腹回りをメジャーで測ったら、なんと、ひゃ、101センチ。

第5章
いよいよ誕生！

予定日から14日後

一発奮起

予定日が過ぎて14日目。この日を過ぎたらとうとう、過期産になってしまう。

遅い朝ご飯を食べてドンを見送った後、いつ赤ちゃんが来てもいいように、またもや掃除などをして、陣痛を待った。

午後になって一発奮起、歩いて20分、臨月妊婦の足だと40分以上かかるところにある図書館までいくことにした。図書館では、よくのぞく雑誌や英米文学のコーナーのほか、実用書の書棚にも行ってみた。実際、会社がないと、庭の植木いじりやインテリアのほうへ意識が行くもので、庭に植えているミントやローズマリーを使ってハーブティーやハーブオイルを作ろうという気になったりするのである。

私は思わず熱心にハーブの本を何冊もひっくりかえして物色し、これと決めて貸し出し

カウンターに行くと、係のオバさまが、私のお腹を見て、

「もうすぐでしょう？　予定日はいつ？」

と聞いてきた。

「とっくに過ぎてるんですよ〜」

私が笑いながら言うと、

「えっ?!」

と、かなり焦ってアワアワしていた。

図書館ではたっぷり2時間以上いただろうか。外はすっかり日が暮れて、私は帰ろうと歩き始めたのだが、お腹が石のように固く張ってきて、さすがにしんどくなった。家に電話すると、今日もお産スタンバイで早く帰ってきたドンがつかまり、結局「迎えに来て〜」と泣きついた。しばらくして現れたドンの車に這々《ほうほう》の体《てい》で乗り込んだ私は、もうクタクタ。

その夜遅く、図書館までの散歩が功を奏し、いよいよお腹の張りがきつくなり始めた。何か異変を感じたのは、3時過ぎだった。

20分おきくらいに、今までと違う感じの痛みに襲われた。私は時計とにらめっこしながら、「こんどこそ、陣痛だと思う」と、ドンを起こした。ドンは、すっかり私をイソップ

のオオカミ少年扱いして、「ほんとか〜？」と眠い目をこすっている。何かこう、便意と似ているようでもあり、生理痛と似ているようでもあるが、もうひとつすっきりしない、なんとも不快な痛みなのである。私は何度もトイレに行ったり来たりしていたが、そのうち、温かい水がチョロチョロと出始め、止まらなくなった。

破水した！

「は、破水した!!」

私は寝室に飛び込むと、あわてて病院に電話した。時計は4時頃になっていたと思う。

「破水しちゃったみたいなんですけど」

と告げると、落ち着いた声で院長先生は、

「すぐ来てください」

と言った。

私は、このときほど院長先生の言葉を力強く感じたことはなかった。すぐに荷物を持って、車に乗り込んだ。

「いよいよだな」

ドンも緊張顔である。私は、まだ白みかかってもいない夜の町を車の窓から眺めながら、

「ああ、何度この道を病院に通ったことだろう」

と考えた。ヨガ教室や検診のたびに、ドンに送ってもらったこともずいぶんあったし、バスでも通った。もう、こうやってこの道を通るのもこれで最後なんだと思ったら、ものすごくしみじみした感慨に襲われた。

車のラジオからは、「お風呂に関する質問コーナー」というのが聞こえてきた。

「一番風呂より二番風呂のほうがお湯がまろやかな気がしますが、気のせいでしょうか」

という視聴者の質問に、お医者さんが、

「純粋な水道水よりも、不純物が混じっている方が肌への刺激が少ないいんです。その意味で、入浴剤などもいいんですよ」

というようなことを答えている。これからお産に臨もうという緊張感とは裏腹に、私は「なるほどね」と思いながら、ぼんやりとその番組に聞き入っていた。

道が空いていると、10分くらいで病院に着く。私がユサユサと重いお腹を揺らして病院の呼び鈴を鳴らすと、

「橋上さん！　お待ちしてましたよ」

快活な笑顔で助産師さんがドアを開けてくれた。

「今夜は、橋上さんでもう3人目なのよ」

入院する

10数室の入院用の個室は、昨晩まではぜんぶカラになっていたらしい。満月が過ぎて、お産ラッシュがきたのだと助産師さんは説明しながら、私を個室へ案内してくれた。

部屋に入ると、産婦が寝るベッドのほかに、ベッドの脇に電気スタンドの置いてある小さな机、流し、冷蔵庫、加湿器、ソファベッドがあった。机の下がモノ入れになっているが、ボストンバッグがぜんぜん収まらないので床に置いた。

ソファの上には新品の黒いリュックが置いてあり、

「これは差し上げるものだから、退院の時に持って帰ってね」

と助産師さんが言った。

中をあけると、新生児用のオムツパックとお尻ふき、産褥ショーツや母乳パッド、清拭綿など、そのときはまだどのように使うのかよく分からないものがいろいろと入っていた。なんでもモノをもらうとうれしい私は、なにか得したようでちょっとうれしい気がした。

不思議なことに、私はこのとき、どれくらい痛かったかまったく思い出せない。20分おきくらいだと、家から持ってきたストップウォッチとにらめっこして痛みを計っていた記憶があるので、確かに痛かったことには違いないのだが、まったく思い出せないのだ。

おそらく、そのころの痛みなど、まだまだなんでもない、と言えるほど、その後の苦しみが長かったせいだと思う。パジャマに着替えている様子の写真が残っているのだが、その自分の表情を見ても、全然痛くなかったような気すらしてしまうほどだ。入院してすぐに、院長先生の診察を受け、破水していることを告げたはずだが、その記憶も抜け落ちてしまっている。このあたりの記憶は、かなりまだらなのだ。

とにかく、ドタバタしているうちに、しらじらと夜が明けてきて朝になり、助産師さんがやってきて、

「お腹が空いたでしょう。でもね、ここの病院は赤ちゃんが生まれてからじゃないとごはんがでないのよ」

と言ったことは、めちゃくちゃクッキリ覚えている。

「痛くて食べる気にもならないだろうけど、体力つけなくちゃダメだから、何か食べたほうがいいよ」

ドンはコンビニに行き、とりあえず自分の食べるおにぎりなどのほかに、私が喜びそうな甘栗やヨーグルト、菓子パンと、時間つぶしにと言って（自分のか？）マンガ週刊誌を買ってきた。

私も毎週楽しみにしていた連載が載っているのだが、陣痛の合間に読もうにも、痛くて集中できず、食べ物ものどを通らなかった。こういう客観的事実から、この朝の時点でも、かなり自分が痛がっていたことは想像がつくが、どんな痛みだったかケロッと忘れている。

陣痛中です

この日はたまたまヨガ教室の日だった。ヨガ教室の会場となっている大部屋は、私の入院している部屋と同じフロアーだったので、私はヒーフー言いながら、顔を出しに行った。

「こんにちはー」

とドアを開けて中をのぞくと、先生と、床に座っていた何人かの妊婦さんたちがこちらをみた。

「ああ、橋上さん！　いよいよね」

先生がほほえんだ。

「どうも。陣痛中で〜す！」

と私が言うと、

「えぇー！」

と驚いて、妊婦さんたちは興味津々で私を見つめている。それだけ言ってすぐに部屋に戻ったのだが、ヨガ教室の後、先生はわざわざ私の部屋に寄って、

「様子はどう？」

と声をかけてくれた。

すでに、病院に来てから7時間ほど経過していたが、陣痛の方は10分間隔くらいになったかと思うと、また15分くらい間隔が開いたり、と、なかなか間隔が短くなっていかないのだった。

「なんかまだまだ強くならなくて……」

と、ベッドの上にあぐらをかいて、ふうふういいながら答える私を、先生は静かなほほえみをたたえてじっと見下ろしていた。その意味ありげなほほえみの表情がとても印象的だったのだが、だいぶ後になってから聞いたら、そのとき先生は、私の様子を見ながら、心の中で（こりゃーまだまだだわ……）と考えていたそうなのである。

屋上へ行ってみる

午後になってもお産がなかなか進まないので、助産師さんが、

「屋上まで行ってきたら？」

と気軽に言う。

「階段を上り下りするといいわよ」

そこで、ドンにつきそわれながら、私の部屋のある二階から屋上のある四階まで上がる間になんどもヒーフー！　と立ち止まって陣痛をやり過ごしながら、なんとか上っていった。

屋上への出口は雑然としていて、油絵のキャンバスが雑然とほこりをかぶって置かれていた。どうやら院長先生の趣味と思われる。

「ほー！　絵が好きなんだね。どうりであちこちに絵が飾ってあると思った」

とドンが興味深そうに言った。ダンディ院長、油絵までやるのか。

屋上はすっかり春めいていて、病院の裏手にある民家の梅が、白とピンクの霞がかかったように満開だった。よく晴れていて、遠くには雪をかぶった富士山が見渡せた。

「いい天気だね～ウッ！」

とうなっては、反省猿のポーズで壁に手をつき、ヒッヒッフーとやっている私。ドンはそんな私の背中をさすったりしてくれるのだが、あまり痛みは変わらないのだった。

そのうち、お産が進まないまま夕方になってしまった。漠然と不安に思う中、やっと院長先生が私の顔を見に現れた。入院してからすでに12時間位以上経過してのひさびさのご対面である。院長先生は白衣も羽織らない普段着で入ってくると、私の顔を見るなり、

「まだまだだな〜！」

と大きな声で言った。

「お産の顔になってないもの。お産の顔に」

とまるで責めるように言う。でも、お産の顔って、なに？

私が、

「ええー？　まだまだあー？」

と力なくため息混じりに言うと、

「どんどん歩きなさい」

と言い残して消えてしまった。

それで私とドンはまた屋上に行くと、昼間の春めき方とはうってかわって気温が下がり、

真っ赤な夕焼の残照が富士山のシルエットを浮かび上がらせていて、冬を感じさせた。

もうへたへたの私とドンが屋上を歩いていると、スコーン、スコーン、と庭の方から音がする。私とドンは、屋上から身を乗り出して、庭を見下ろした。すると！　ジャンパーに身を包んだ院長先生が、ゴルフクラブをスイングしているではないか！

しかもそこは、来院した患者さんは、本来はボロボロの板塀に阻まれてのぞけない、木々のうっそうとした秘密の庭（？）で、自作と思われるナゾのミニ・ゴルフスペースになっているのだった。素振りだけでなく、パターの練習などもできるようになっている。

私とドンは、スコーン、と素振りマシンで練習する先生の様子を呆然と眺めた。なんというか、10数時間お産が進まずに苦しんでいる私の立場は?!　あのー、い、痛いんですけど？　先生……。

カツ丼……

これは長期戦になると予想したドンは、いったん家に戻ってスウェットスーツやら着替えやら持ってきて、病室への泊まり込み態勢に入った。こうなると個室は便利である。助産師さんも付き添いのお父さんは「ウエルカム」状態。もう、昨晩この病院の扉を開けた瞬間から、有無を言わさず自動的にドンはお産まで立ち会う運命になっていたのだ。

夜のとばりが降りた頃には、私はすっかり疲労こんぱいしていた。そしてまた夕飯の時間がやってきた。

「苦しいだろうけど、何か食べなさい」

とまた助産師さんが言う。同じような状況になる人がたくさんいるのだろう、廊下には、出前のメニューが何冊も置いてある。ドンはメニューを持ってきて、

「おれカツ丼にしようかな～」

などと言っている。私もうどんを注文したが、ほとんどのどを通らなかった。5分～10分間隔の陣痛の時間が、いつまで続くのだろう……？　だんだん絶望的な気分になり始めた。

ところで、記憶のマダラなこの長い一日の間、私には、ドンが何をしていたのかほとんど覚えていない。着替えを取りに行った小一時間以外は、ドンがずうっといっしょにいてくれたはずなのだが、あの狭い個室の中で、いったい手持ち無沙汰なドンは何をしていたのだっけ？　ソファでマンガを読んだり、スウェット姿でカツ丼を食べていた映像はなんとなく頭に浮かぶのだけれど。

改めて最近ドンに聞いたら、

「ずっと背中をさすっていてやったじゃないか！」

と憤慨していた。そうだったかなあ。なんとなく、

「私がこんなに痛がってるんだから、もっとさすってくれよチキショー！」

と心の中で悪態をついたような記憶があるのだが、気のせいだろか。

鋼鉄の子宮口

夜になって、入院以来初めて助産師さんの内診があった。おそらく、もう20時間近くたっていたはずだが、「子宮口は5センチくらいかな」の言葉に、私は気絶しそうになった。入院したときには2センチだったのだから、それからたった3センチしか開いていないのだ！　赤ちゃんの頭が通るくらいの全開の状態では、だいたい10センチというから、まだ半分なのである。私は苦しみとともにはっきりと思った。

「こりゃ、鋼鉄の子宮口だわ！」

普通、病院の産科では、入院するとまず、剃毛、浣腸、導尿の3点セットが行われるはずだが、このT産婦人科ではそれらはない。最初の頃に書いたが、この3点セットは、病

院に従事する人たちの都合で行われるもので、必ずしも必要な処置ではない、と下勉強をしていた私は、こういった「よけいな処置」をいっさい行わない「自然なお産」を推進するT産婦人科を選んだのである。もちろん、分娩監視装置をつけっぱなしで一晩過ごすということもない。言ってみれば、定期的に助産師さんが巡回して様子を見に来るほかは、ほったらかしである。

たしかに、あの地獄の時間を、大部屋のベッドで、分娩監視装置に縛られてすごすのは、拷問に近いだろう。だがその一方で、この病院では、あまりにほったらかしのまま時間が過ぎていき、私はどんどん疲弊してきた上に、いつになったら生まれるのだろうという不安に押しつぶされそうになっていた。

やがて、夜も更けてくると、昨晩から付き合っているドンは眠くて眠くてたまらなくなってきたようで、ソファでウトウトしている。私は一人、ベッドで身もだえしてヒーッヒーッとやっていた。

ストップウォッチが友達

ますます痛みは耐え難いものになってきていた。あいかわらず、にらめっこしているストップウォッチによると、陣痛の合間は7分になったり8分になったり。いっこうに縮まっていかない。私自身も眠くて仕方ないのだが、眠ろうにも強烈な痛みで遮られてしまう。昼間、ヨガの教室をのぞきに行ったり、屋上に散歩に行ったときはまだ全然余裕だった。もう、ハアハア、ヒーッと堪え忍んでいるだけしかできない。ストップウオッチの液晶で、秒数が刻まれているのをただひたすら眺めていた。一秒でも逃さず、次の陣痛が来るまでの時間を計っているので、その数分間が永遠にも近く感じられた。

消灯も過ぎ、電気スタンドだけを灯した室内で、私はベッドでのたうち回り、ベッドの周りを歩き回り、ベッドの枠をつかんでしゃがみ込んではヒーッヒーッと激しく呼吸するだけだった。

ふっと見れば、ドンは、助産師さんに持ってきてもらった毛布を掛けて、ズゴオオオ、と高いびきである。私は苦しいながらも頭の端っこで、ヒーッヒーッと髪の毛振り乱して大股開いてしゃがみこんでいる私と、その2メートルにも満たない近くで、いびきをかきながら爆睡しているドンとの対比が、「シュールすぎる……」と思った。

子宮口チェック

深夜3時頃だっただろうか。夜勤当番だった助産師のYさんが、子宮口の様子を見てみましょう、と呼びに来た。

Yさんは、職人技に近いおっぱいマッサージで、このT産婦人科で産んだお母さんすべての母乳が出るようにしてしまうベテラン助産師である。そのYさんが、分娩室で、子宮口の開き具合を見てくれた。分娩台にあがると、Yさんが、子宮口をぐぐぃーっと手で押し開く感覚。

「おおおおっ?」

という激しい刺激があって、赤ちゃんがぐぐっと下がったような実感があった。なんか急激にお産が進んだ気がした。

「そうだねえ〜、7センチくらいになったかな……」

ほーっ! やっと7センチ! て、まだ7センチかい?!

私は考えた。

「ほら、触ってごらん、赤ちゃんの頭があるよ。もう少しだよ」

Yさんが私の手を導いて、子宮口を触らせてくれた。固くて丸いものが指先に触れ、濡れた髪の毛のような手触りがあった。ああ！　カプちゃんだ！　カプちゃんの頭だ!!　これまで姿の見えなかったアカンボが、本当にここにいたのだ。しかし、カプちゃんが通ってくるべき、この数センチの産道の旅はまだまだ先が長そうに思えた。

この陣痛の間の私の苦しみようは、客観的に見てどんなふうだったか、私自身は知るよしもないが、おそらくガーとかヒーとかうなり続けていたのだろう。Yさんは、

「辛いよね……この痛みは本当に。経験があるから分かるけど、本当に経験したものにしか分からないよね……」

と私の背中をさすりながらつぶやいていた。

そうなんだ、Yさんも子供がいるんだ。そうだよね。ほんとにつらいよね。私は心の中で必死に答えた。

分娩台で寝る？

Yさんは、分娩台の上でこのまま休みなさいと言って、毛布を持ってきてくれた。

分娩台は、お産の時には足の部分をはずすのだが、普通は上半分に傾斜が付く介護ベッドのような状態なので、平らなベッドに寝ているよりも少しは痛みがしのぎやすいという

ことだったのだろう。個室でグースカ寝ていたドンも呼んできて、分娩室で朝まで過ごすことになった。

Yさんは、

「眠れないだろうけど、がんばって眠りなさい。体力を回復しないと……」

と分娩室の電気を消して去っていった。

最初は分娩台の横で、台にもたれていたドンだったが、そのうち、眠気に負けたのか、私のとなりの隙間に強引に割り込んで、自分も分娩台の上に横になってしまった。

そんなドンを邪魔だとどける気力もなく、私は痛みをこらえるのに必死で、痛みの合間に眠気で気が遠くなるのだが、また強烈な痛みで飛び起きる、の繰り返し。そのうち、私のほうが分娩台から降りてしまい、床にしゃがみ込んだり立ち上がったり。その間、ドンは、分娩台の上で爆睡していた。まだらなこの夜の記憶の中で、分娩台の上で横向きにうずくまってスヤスヤ寝ているドンの図は、かなり強烈な映像となって私の頭に焼き付いている。そのとき、私はこう思ったのだ。

「古今東西、世界は広しといえども、分娩台の上で熟睡した男っていうのは、そうそう多くはいないだろうな」

て、そんなヤツ、いるか？　ふつう。寝るなよ！　人がもうすぐお産だってのに、人の分娩台の上でさあああ！

この夜は、どんな夜よりも、私の人生で一番長い夜だった。永遠に明けないのではないかと思われた。眠いのだ。とにかく眠いのだが、数分の眠りにはつけても、ガキーンッと背中を巨大な壁に叩きつけられたような痛みで飛び起きるのだ。

友人ママの、

「どんな痛みかは忘れてしまったけれど、『地獄や……』て思ったのだけは覚えてる」

の言葉を思い出し、ほんとうにそうだと思った。どこがどのように痛んだのかという詳細は、お産のあとには忘れてしまうのだが、とにかく、陣痛がやってくると、数分間だけでも意識を失うくらいに眠りをむさぼっていた体が、バネがはじけたように飛び起きてしまう。それくらい激烈な痛みなのである。

ハイテンションの院長先生

そうこうしているうちに、朝の5時くらいだったであろうか、夜明けで窓が白々としてきたとき、突然分娩室の明かりがパッとついて、暗闇の地獄絵図（分娩台の上でスヤスヤと寝るドンとその横で寝たりとび起きたりを繰り返す産婦の私）の中にあった私の朦朧とした意識が、一瞬にして現実世界に引き戻された。

「どんな具合ですか〜！」

と大声で入ってきたのは院長先生であった。

ドンはあわてて飛び起きた。バツが悪そうに、そそくさと分娩台の横で小さくなる。院長先生は元気よく、

「さ、そろそろカタをつけないとね！」

という。朝早いのに超ハイテンションである。

ハイ、カタ、つけたいです。強く希望します。ハアハアと必死の形相の私。

「うーん、お産の顔になってきたねえ〜！」

と院長先生。

子宮口は8センチ。まだ全開にはなっていない。院長先生の手業はYさん以上に効き目があり、またグググーッと赤ちゃんが降りた気がした。なんか、内臓を下に引っ張られているような、強烈な感じである。

先生は、もういきんでもいいというので、

「ふんむっ」

と私はいきんでみたが、てんで違う感じである。こんなんじゃ、カプちゃんも出てこれないよな、と自分でも思うくらい、うまくいきめていないのが分かるのである。

本には「子宮口全開大に近づいてくると、自然といきみたくなってくる」と書いてあったのに、ぜんぜんいきみたくないのだ。なんか違うのである。結局、まだもう少しかかりそうだ、と、私とドンは個室へ戻されてしまった。私は心の底からがっかりした。もうなんでもいいから早く終わって欲しい……。

もう、どんどんいきんでいい、という許可が出たので、私は、陣痛が来るとベッドの柵につかまって大股を開き、ふんむっふんむっといきんでみた。そうすると、なんとなく、痛みを紛らわせられるような気がした。しかし、早くいきみすぎると会陰が破けてしまうと本に書いてあったのに、いいんだろうか？　という疑問も少しはあったのだが、もう、このころにはなんでもいいから早くお産が終わって欲しかった。

もう、ドンはソファで眠るばかり。使い物にならない状態である。病院に来てから30時間がたとうとしていた。

この午前中が一番辛かった。もう、陣痛は2〜3分おきにやってくる。疲れもピークになっていた私は、その間の2分に寝るのである。そしてガキーンッと痛みが来て飛び起きる。ベッドにつかまっていきむ。1分くらい、その激烈な痛みと闘う。ちょっと治まってくる。寝る。2分たってまたガキーンッ！　というのをずっと繰り返しているのである。ストップウオッチを眺め続けることで、どうにか意識を保っていたようなものである。

そんなこんなでまた3～4時間ほど過ごし、次にやっと分娩室に呼ばれた私は、分娩監視装置をつけられ、赤ちゃんの様子をチェックされた。カプちゃんは、こんなに長くて苦しいお産を、よくがんばっていた。心拍数も普通で、お産の途中は赤ちゃんはあまり動かないという定説とは違って、お腹の中でグリングリンとしきりに動き続けていた。

出ちゃった……

「さあさあ、いきんで！　もっともっと！」

先生がまた職人芸で子宮口をグググッとやると、内臓がひっぱられる感じ。

「そう！　その調子！」

と大声で褒めてくれるので、だんだんリズムがつかめてきた気がした。

「もっともっと！　そんなんじゃだめ！　もっといきんで〜！！！」

と先生に言われ、声を出さずにいきんだほうがいいという助産師さんのアドバイスを無視し、

「ううんんむうううっ」

と、うなりながらいきんだ。

なんか、わかったような気がして、うまくいきめた気がしたら、となりにいるドンが
「あっ」とか小声でつぶやいている。

「出ちゃった……」

そう、浣腸をしていなかった私は、先生の手の上に思いっきり出してしまったのである。私は必死なので、ああ、すみません、センセイ……と頭の隅のほうでチラリと思った。でも、ちょっとスッキリしてうれしかった。

あとでドンに聞いたら、どんなシチュエーションでも動じないベテラン産科医の院長先生は、私のホカホカの物を手に乗っけたまま、助産師さんに、

「紙、紙」

と要求。

助産師さんが近くにあったティッシュを先生に渡そうとしたら、

「ティッシュペーパーじゃなくてトイレの紙。ティッシュじゃ、あとでトイレに流せないでしょう」

と妙に冷静なことを言っていたそうである。って、それどころじゃないだろーフツー。

ウンチは出てしまったが、その後も、なかなかカプちゃんは出てこなかった。

「目を閉じていきむとまぶたの血管が破れて目の周りが真っ赤になるから、目を開けたままいきんだ方がいいよ」

とアドバイスしてくれた友人ママがいたが、もうそれどころではなかった。声を出すなと言われても、

「うんむむむぐううう～っ」

とうなるし、目だってぎゅっとつぶって渾身の力を振り絞った。

そのとき、ドンの手の中で私の携帯電話が鳴った。


アホか?!

「ズズンズズンズズンスッチャラスッチャラ～♪」

おちゃらけた「ビバリーヒルズ高校白書」の主題歌である。私はなんの感動もなくただの雑音としてその音を聞いていたが、ドンが携帯電話をじっと見ているのが目の端で分かる。そして、着信番号を見ながら、

「05××〜？　るるさん、この番号覚えある？」

とか言いながら、電話の液晶画面を私に見せようとするではないか。私は「アホかオマエは!!」と心の中で罵倒した。無視。

さらに、ドンはときどき私にストローでジュースを飲ませようとしてくれるのだが、それがとても鬱陶しいのだった。お産はのどが渇くからという、これもまた本で読んだ予習のもとに私自身が持ってきたものであったが、もう、ジュースを飲みたいとかそんな感覚も湧いてくる余裕がないのだ。

こう書いてくると、いったい立ち会い出産ってなんだろうという気がしてくる。

夫に手を握ってもらっていっしょにがんばって……みたいなイメージがあるが、実際は、そんなに美しいものでもないし、はっきりいって、誕生の瞬間が近づいている頃には、こちとら必死なもんで、夫がいようといまいと、もう存在自体が意識の外だったりもする。

でも私が、やはり立ち会ってもらって本当によかったと、お産の直後も、そして現在も

変わらず心から思っているのはゆるぎない事実だ。夫がお産に立ち会うということは、産婦である妻を助けるため、というよりは、その時間を夫と妻が一緒に過ごし、共有することそのものに意味があるのかもしれない。

障痛促進剤

ちっとも進まないお産に、院長先生はとうとう言った。

「もう、そろそろ時間がかかりすぎだ。促進剤打っていいかな」

出た、促進剤！　私は思わず心の中で叫んだ。

「待ってました!!」

促進剤は、赤ちゃんのためにも産婦のためにもよくないうんぬんと、これまで本で勉強してきた前知識はそのとき、もはや頭からすっ飛んでいた。

「打っちゃって打っちゃって！」

と心で叫びながら、ブンブンとうなずく私。

「せ、先生。もう、これ以上がんばれないです。打ってください」

と、ようやく言葉にして、なんだかちょっとばかり気が楽になった。

横でバタバタと助産師さんが点滴の準備をし、腕から促進剤が注入され始めた。だが、それからもなかなかカプちゃんは出てこないのだった。

先生が、

「そう、そう、いきんでー！」

と言ってくれるときはいいのだが、先生がちょっと席を外し、助産師さんだけになると、一気に心もとなくなって、お産が止まってしまうような気がした。

この日の担当は、若いKさんという助産師さん。彼女が「頭がまだ見えない」と夫と話しているのを聞いて、ますます気が遠くなりそうになった。

アカンボの危機

やがて、監視装置でモニターしていたカプちゃんの心拍数が下がり始めた。私だけでなく、カプも、いいかげんに疲れ始めてきたのである。

先生は、

「うーむ、これはまずい」

とか話している。そのとき、私は、心の中で考えていたことはひとつだった。

「帝王切開に切り替えてください」

のどまでこの言葉が出かかっていた。

とにかく、もうこの地獄の苦しみから解放されたい。望みはそれだけ。あとで聞けば、
隣にいたドンは、このとき、まるで同じ事を考えていたのだという。

「ハラかっさばいて、赤ちゃんを出しちゃってください！」

て、よっぽど言ってしまおうと思ったと、後で教えてくれた。

先生は、そんな私たちの気持ちを知ってか知らずか、

「ここまで下がってきているのに、お腹を切るのはもったいないなあ」

と助産師さんと落ち着いて話している。そして、それからしばらくして、宣言した。

「吸引します」

出た！　吸引分娩！

「引っぱっちゃって、引っぱっちゃって！」

もう神にもすがる思いで、私は心で叫んでいた。

それまで普段着でいた院長先生は、青いエプロンのようなものをつけ、手術用の帽子を
かぶると、大きな吸盤のような機械を取り出して準備し始めた。急に周りがあわただしく

なり、ふと気が付くと、髭を生やした見ず知らずのおじさんがカーテンの隙間から登場していた。

助っ人登場

「こんにちは。アカガワです」

と、そのおじさんは自己紹介した。

「私がいつもパートナーとしてやってもらっているお医者さんです」

院長先生は言う。

私は、ハアハアと荒い息をして死にそうになりながらもピンと来た。この界隈で、やはり自然なお産を推進している個人病院の先生である。産院を探していたときに、アカガワ先生のところもいいのではないかと思ってチェックしていたので、すぐにその人だと分かった。吸引分娩のために、院長先生が助っ人に呼んだのであった。

「ちょっと麻酔を打ちますね」

院長先生はおもむろに、ちょっとどころか、ぶっとい注射器を取り出し、ぴゅぴゅーと針の先から水鉄砲のように液体を飛ばしている。もう、痛くて痛くてどこに注射を打ったのか既にわからないが、産道の近くに、二回か三回くらいはぶっ刺していたような気がする。

なんか知らんが、すごいことが起こりそうだ。だが、もう、何でもいいからアカンボを出しちゃってくれ状態の私は、注射でも何でも「打っちゃって、打っちゃって」と心で叫ぶ、まな板の鯉である。いや、まな板の上でこんな恐ろしげな形相で苦悶している鯉はいないだろうが。

助っ人に来たアカガワ先生がまたすごかった。どこをどうセットしたのか私にはわからないままに、ウイーン、と吸引分娩の機械が動き始めると、アカガワ先生はおもむろに私の上にのしかかり、陣痛の波で、

「いきんで！」

の声とともに、

「ふんむむ‼」

といきんだ私のお腹を、

「ぎゅっぎゅっぎゅっぎゅっぎゅっ‼」

と信じられない力で押し始めたのである。もう、全体重をかけているとしか思えないす

ごい力で、私の食いしばった歯の間からもれる大きなうなり声も、

「んぐっんぐっんぐっ」

と押されるたびにとぎれるのだった。その様子を見ていたドンは、

「ああっ、るるさんが壊れる！」

と仰天したという。

なんというか、私のお腹にぎっしりと詰まったものを、上からアカガワ先生が強引に絞り出しているという感じであった。巨大なモノが産道に引っかかり、押せども押せども、それはなかなか出てこないのだ。上から押され、下からは吸引され、もう私自身、中身がぎっしり詰まっている何かの袋になってしまった気がした。陣痛の波が止むと、アカガワ先生の手が止まり、3人がかりの絞り出し作戦はしばし休戦する。

私はお腹を押される痛みと、全身全霊のいきみから解放され、その休みの間の一分間くらいに、

「ハアハアハアハアハアハアハア」

と分娩室中の空気を吸って吐いているような激しい呼吸をする。

何度かそんなことを繰り返しているうちに、

「ほら頭が見えてきた」

とかなんとか院長先生が言っている。

「次の波で産まれるよ！」

と助産師のKさんが叫んだ。そして、また陣痛が来た。

「ぎゅっぎゅっぎゅっ」

再び、分娩台が揺れるほどのアカガワ先生の腹へののしかかり。

「んぐっんぐっんぐっ」

と私がとぎれとぎれに叫ぶと、

「うわ、お、おっきいいい」

とかなんとかKさんが叫んでいる。

「ぎゅっぎゅっぎゅっ」

「んぐっんぐっんぐっ」

Kさんが、

「がんばれがんばれがんばれ」

と私を励ます声が聞こえた。

「産まれるよ〜」


出た！


ぶありぶありぶありぶありぶありびりりりりり！　と、私の体の中を、すごい音が走った……ように私は感じた。

産んだとかいきんで出したとかそんな感じではなく、赤ん坊は間違いなく、私の産道から「絞り出された」。なにか、すごい重いカタマリが、私の体をぐわんっと通り過ぎ、その瞬間、それまでの痛みがウソのように、すーっと楽に、体が軽くなった。

瞬間、アカガワ先生は手早く監視装置のベルトをはずし、胎盤を出すために、おへそのちょっと下あたりをぐいぐいぐいっとマッサージし始めた。それがまたちょっと痛いのであったが、私はもう、ボロ雑巾のように、ただただ分娩台に横たわっていた。

「女の子で〜す！」

Kさんが言った。羊水を少し飲んでしまったらしく、すぐに泣かないカプちゃんの口の中に管を入れて、Kさんが赤い水を吸い出しているのが、動き回る院長先生の向こうにチラリと見えた。

「すぐ泣くよ～」

のKさんの言葉通り、数十秒後にカプちゃんは「ふんぎゃあ」と泣き始めた。

すぐに胸の上に乗せてもらうはずだったのに、カプちゃんはへその緒をすでに切られて、タオルでくるまれて分娩台の隣の台の上に血まみれのまま運ばれてきた。デジカメのビデオ機能で一生懸命撮影していたドンが、あわててその台の近くに駆け寄り、カプちゃんの様子を映している。

「るるさんそっくりだ！」

ドンが言うのが聞こえた。

そして、Kさんはカプちゃんをだっこすると、私にちらっと見せた。

マーズアタック？

「ああっ」

私は心の中で叫んだ。

かわいいとかそんなもんじゃない。感想は「ドンそっくり」であった。衝撃的なまでにそっくりだった。

そのまま、Kさんはカプちゃんを簡単に沐浴させにいった。結局、カプちゃんを胸の上に乗せて「産後の時間を味わう」こともないままに終わってしまった。

私が頭を上げて、カプちゃんの様子をうかがうと、カプちゃんは産着を着せられているところだった。カプちゃんの裸の姿をまじまじと見た私は、再び衝撃を受けた。頭がビヨーンと縦長に伸びているのである！　吸引のカップで変形していたのだ。こ、これは、映画マーズアタックの火星人？

そして、そのあと、ようやく私は、タオルでくるまれたカプちゃんをだっこした。

後でデジカメのタイムスタンプを見ると、たかだかこの間10分くらいなのだが、私はだっこするまでに、ずいぶん時間がかかったように感じた。胸の上にだっこした感じは、とにかく、目の前の生き物を無事に産んだという安堵の気持ちだけであった。

カプちゃんは、もう泣いていなかった。はれぼったい目をして、じーっと様子をうかがっているようだった。正直、かわいいとかなんとか思う気力も残っていなかった。

空っぽのマヨネーズ袋

しばらくだっこした後、またカプちゃんは台の上に戻された。ドンは好きなだけ写真を撮っている。

私の頭は、ボーッとしていた。前夜、助産師のYさんが、

「お産の時には、モルヒネの百倍ともいわれる物質がお母さんの脳の中に分泌されるのよ。だから痛みをがまんできるの」

と言っていたことをぼんやりと思い出していた（これはβエンドルフィンというホルモンで、脳内で作られるモルヒネみたいなモノらしい）。それで、こんなに頭がボーッとしてるんだろう、などと考えていた。

私の頭の中には、私自身のこんな映像が浮かんでいた。分娩台の上に横たわる、巨大なマヨネーズのカラ袋。絞りきってしまい、中は空っぽで、空気が入っている。袋の内側には、ところどころ、残ったマヨネーズがこびりついている。

私はまさに空っぽのマヨネーズ袋だった。胎盤のカスとかお腹の中にちょっと残ってるかもしれないけれど、ぜんぶが絞り出されてしまって、お腹はまだ膨れているけれど、もう空っぽなのだった。無理矢理、力ずくで、絞り出されてしまった。もう、何も残っていな

い……。

空っぽになっていた産後の時間、まるで夢を見ているように、ドンや助産師のKさんが会話するのを私は分娩台に横になったまま見ていた。その間、院長先生は、靴職人のようにひたすら切開され&裂けてしまった私の会陰をチクチクと縫っていた。

K助産師は言った。

「ここの院長先生は、縫合がすごく上手で有名なの。きれいにくっつくのよ」

そうか。それはよかった。

自走不能です

二時間ほどはそうして分娩台の上にいただろうか？　さあ、部屋に戻ることになり、歩けますか？　と聞かれたが、とてもじゃないが立ち上がれない感じだった。自走不能のポンコツとなってしまった私は、自分の個室まで、車いすで運ばれて戻った。

ドンは、実家のほかにも、会社や私の友人に、産まれたよ、と電話したらしい。

「すごい難産だったんですよ」

と説明したが、

「そうなの。大変だったね」

と言われるくらいで、ドンはその興奮を伝えきれず、なんとなく不満そうだった。ベッドに横たわる私に向かってしみじみと言った。

「こりゃー、やっぱ、分からんよね。やった人じゃないと」

私はあいかわらず燃え尽きて真っ白な灰状態だった。

夜消灯が過ぎた頃に、1歳の子供がいる仲のよい先輩ママが携帯に電話をくれた。

「どうだった〜？　泣いた〜？」

私は、

「いや〜ほんと大変で。産んだ瞬間は泣くどころじゃなかったよ」

でも、夕方、ドンといっしょに産まれる瞬間のビデオをカメラの液晶に再生してみて、ふたりでツツーッと涙を流してしまったのだ。その話をすると、先輩ママは、電話の向こうでグス、と涙ぐみ、

「なんか、自分のときのこと、思い出した」

と笑った。

違う人になったドン

感情をめったに表さなかったドンは、この、娘が産まれた瞬間から違う人間になった。ドンは帰り際、振り返って言った。

「るるさん、ほんとによくがんばったね。感動した」

この晩は、たちあがるのも必死だった私は、残念ながら、娘と同室で世話をする体力が残っていなくて、ナース室で預かってもらった。長い長い戦いが終わってやっとぐっすり眠れるはずが、異様な興奮状態が続き、夜中に何度も目が覚めるのだった。遠くで、赤ちゃんが泣いている。私の子供のはずだった。黄色い豆電球のついた病室で、ふわふわと夜通し宙を浮いていたような夜だった。

次の日から、私とカプちゃんは添い寝した。これは現在、娘が三歳になった今も、毎晩欠かさず続いている。「母性のスイッチ」がはいる瞬間があるとしたら、私の「スイッチ」は二日目の夜に入ったと思う。

泣いてなかなか寝ない娘に、「大きな古時計」を歌って聞かせていたら、出産直前、お風呂に入って大きなお腹をさすりながら歌った日々を思い出し、怒濤のように涙がこぼれた。

その日の夕方、会社から病院へすっとんで来たドンが、娘を抱き上げると、

「人生がリセットされたようだ」

と言ったことを思い出し、私は家で一人で寝ているであろうドンにメールを打った。

「やっと本当の家族になった感じだね」

それまでの日々は、はるか遠くへ消え去り、私たち夫婦の新しい日々が始まった。

「大きな古時計」その後

生まれた娘はやっぱり大きなのっぽの古時計が大好きです

「赤ちゃんは胎内にいたときのことを覚えているか?」

その実験のために始めた「大きなのっぽの古時計」を繰り返し聞かせる作戦。その後、結果はどうだったか。

娘が生まれてから、ぐずったときなどに「大きな古時計」を歌うと、確かに泣きやむこともあったし、泣きやまないこともあった。その相関関係はあまりはっきりとわかるようなものでもなく、私が歌えば、だいたいどんな歌でも喜んでいるようにも見えた。

いまひとつ、娘がこの歌だけに愛着があるのかどうか、確信を持てずにいたが、あるとき、はっきりと確信を持つことができる出来事があった。

娘が10ヶ月の頃である。大晦日の紅白歌合戦に平井堅が登場し、「大きな古時計」を朗々と歌い上げたのだ。歌が始まった瞬間、それまであちこちと動き回って落ち着かなかった娘は、ハッとした顔をしてテレビに見入り、凍り付いたように動かなくなった。そして、じーっと歌に聴きいっているように見えた。明らかに、それまで流れていた他の歌手たちの歌に対する反応と違った。

そこでさっそく平井堅のシングルCD(「大きな古時計」が、カラオケ、英語バージョンと続けて3回入っている)を買ってきて、ドライブ中にぐずったときなどに聞かせたところ、かなり効果てきめん。

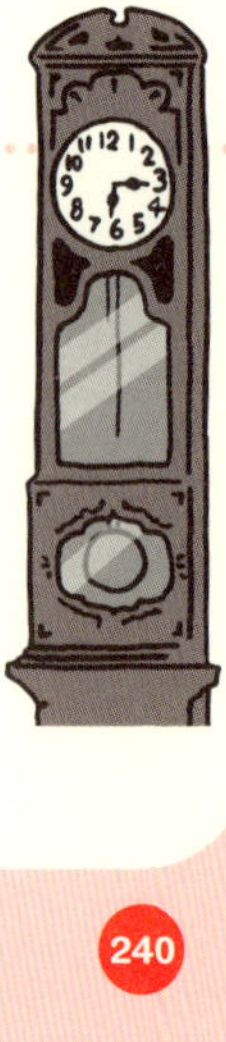

なぜ私が歌うよりも平井堅の歌声に反応したのかは分からない。(単に平井堅好きなだけなのか?)今では、フルコーラス歌えてしまうほど、娘はこの歌が好きだ。

ちなみに、「ママのお腹で何していた?」という質問は、2歳半、だいぶ口がきけるようになって聞いてみた。最初のうちはこの質問をすると、それまでは普通にお話ししていたにも関わらず、突如として

「Ц★—?Xë。E┼X?△#」

などと宇宙語をしゃべり出すのだった。気恥ずかしかったのだろうか?

3歳くらいになると、

「忘れちゃった」

とナチュラルに答えるようになってしまった。うーん残念。

エピローグ

そしてはじまり

2006年が明け、また、ワールドカップイヤーがやってきた。娘が生まれてから、4年目が巡ってきたことになる。

今年の冬は寒いが、それでも1月も終わりの雨あがりの午後、土のにおいが空気に満ちている。もうすぐ4歳を迎えようとする娘の手を引いて散歩に出ると、ミモザの木を、うっすらと粉をふいたように小さなつぼみがいっぱいに覆っていた。春はもうすぐそこまで来ている。

こんな日には、生まれたばかりの娘をベビーカーに載せて、早春の川縁をあてどもなく散歩したのを思い出す。顔を出したツクシ、枝いっぱいのレンギョウの黄色、煙るようなユキヤナギの白、濃いピンクのノアザミ……。勤めていた頃には見過ごしていたわずかな季節の移り変わりを肌で感じ、ゆっくりと流れていた色鮮やかなあの時間が、今、切なく懐かしい。

自分のお産体験を、妊娠・出産・育児の情報サイト「ベビカム」が配信する携帯電話情報サービスで、連載エッセイとして書いてみるチャンスをいただいたのは、娘が生まれて1歳になった頃だった。それから一年間にわたって、「テーゲーママが行く!」というタイトルで、自分の妊娠日記を振り返りながら、妊娠からお産までの日々を書きつづった。この本は、その連載を加筆・修正してまとめたものである。

書き始めた理由は、自分のアホさ加減であった。いかに、自分が、さまざまなお産情報に翻弄されたか。勉強しすぎて頭でっかちになり、「3000グラム未満で小さく産む」「会陰切開しない」「陣痛促進剤は使わない」「生まれてすぐお腹にのせてもらう」「その日の晩から添い寝する」などなど、綿密なバースプランを描いたにもかかわらず、臨月に入って油断しまくり、実際のお産は何一つその通りに行かなかった、この自分のツメの甘さ。

結局、学生時代の定期試験の前に、勉強の予定表を仕上げただけで安心して眠ってしまったあのころと、たいして変わっていないということに、つくづく気づかされた。

100人のママがいれば、100通りのお産があるだろう。私の体験はそのたったひとつに過ぎないけれど、それでも、そんな私の体験を笑ってもらうことで、これからお産を迎えようとしている不安な妊婦さんたちや、その夫の皆さんに、「まあ、こんな人もいました。どうぞお産はお気楽に」という気持ちが伝わればいいと思った。


バースプラン通りに生むどころか、私は、けっきょく自分の力だけで娘を産み落とすことができず、「吸引分娩」でひっぱりだしてもらった。本のはじめのほうで引用した私の妊婦時代のバイブル、「分娩台よ、さようなら」の著者である産婦人科医の大野明子先生がいうところの、

「そうして生まれてくるとき、生まれたばかりの赤ちゃん（の顔）は、とても苦しそうにゆがんでいます」

と書いている、吸引分娩である。大野先生は、それればかりでなく、「吸引や鉗子で生まれた子は人相が悪い」という師匠の産科医の言葉まで引用している。

妊婦時代には、あまり気にも留めなかった部分だったのだが、娘を生んでから、妊婦時

代のこの「バイブル」を読み返してみて、このクダリで私はとても傷ついた。

お産を経験した今、私は、はっきりとこう言い切れる。

お母さんにも赤ちゃんにも、出来るだけ自然に近い、いいお産をすることはとても大事だけれど、お産は自然なものであるからこそ、予測がつかないものなのだ、と。プラン通りに運ばないことだってあるのだ、と。

しかも、プラン通りに運ばない生活が本当に始まるのは、むしろ、お産が終わって、赤ちゃんとの生活が始まってからなのだ、と。

河合隼雄さんも言っている。

「生まれてすぐの頃の母子一体感はとても大切だけれど、この時期に基本的な信頼が確立すれば、一生それでいける、なんてことはない。そしてこの時期に確立しなかったから一生ダメということでもない」。

母子にとって理想的なお産をし、母乳・母子同室の環境で、密着して育てることはとても大切かもしれないけれど、それで、一生母子関係がうまくいくという保証をもらったわけではないのだ。

アカンボが生まれた後の、大変なことと言ったら……。あこがれの母乳育児？　イタいです。乳頭が割れて、水泡までできました。授乳の度に、洗濯ばさみで乳首を挟んで、ひっぱられる拷問のようでした。乳腺炎？　なりました。乳出過ぎて、張って張って、泣く泣く絞りました。お産の後、膀胱炎、思った通りなりました。抗生物質飲んでもなかなか完治せず、残尿感に悩まされました。アカンボのほうは、夜泣きがすごく、乳児湿疹もしょっちゅう。便秘が続いておそるおそる浣腸……。お布団にウンチもらします。ゼロゼロ、発熱で、眠れず夜通し看病……親ってこんなに大変なんですね……。

生まれて3か月の娘を抱えて、同じ産院で知り合って、私の一週間前に男の子を産んだタケナカ嬢とごはんをたべた。

「育児って、大変だよね～。子どもがどれくらいになったら、ラクになるんだろう？」

私が何ともなしに聞くと、タケナカ嬢は答えた。

「あと17年位……らしいよ。子育てのベテランが言ってた」

マンガでいえば「ドターンッ」とひっくり返るところである。でも、今、私はそのことばを日々実感する。

子育ての大変さは、妖怪の七変化のように、随時どんどんと形を変え、いっしゅんたりとも同じではない。月齢ごとに、年齢ごとに、学校に入れば学年ごとに、そしてやがて思春期に、どんどんと親には新しい子育ての悩みが生まれ、消えていく。そうして、人はむしろ20年近くかかって、やっと「親」になれるのかもしれない。

はじめての妊娠を迎えた頃の私が、そんな遠い将来まで見通せるはずがなかった。当時、数ヶ月後に起こるお産という人生最大のイベントに向かって、みっちりと課題をたてて、カウントダウンする毎日だった。お産そのものが「目標化」していたといっていい。しかし、お産は終わりではない。いうまでもなく、家族の新しい生活の始まりの日である。

その日を起点に始まる娘との毎日のほうがずっと騒々しく、終わりがなく、強烈で、鮮烈で、そして喜びに満ちている。ペールトーンの色調の部屋が、急に極彩色に塗り替えられてしまったようなものだ。だから、娘がまだこの世にいなかった日々の記憶は、その後の強烈な日々に上書きされ、遠い彼方に消え去ってしまう。

それだからこそ、初めての子どもを妊娠してから出産までの時間は、とっておきの宝物のような特別な時間、といえるんじゃないだろうか。刻々と育っていく生き物を、お腹の中で感じる10ヶ月間。「男と女」であったパートナーが、もうじき「家族」になっていくための準備期間。「幸せの卵」を孵化するまで、ふたりで待つ時間。

それは、お母さんになろうとする女性たちがみんな通っていく、すごく静かな、かけがえのない時間なのだ。

謝辞

出版にあたり言葉を寄せてくださった桜沢エリカさん、本をかわいく演出してくれた小松史佳さん、連載当時のベビカム編集長・阿部美智子さん、本にすることを勧めてくれた友人の村山敦子さん、適切なアドバイスをくれた同僚の浜田＆諸永夫妻、話を聞かせてくれたたくさんの友人ママたち、明窓出版の麻生真澄編集長、そして、最愛の夫と娘に、心から感謝します。

橋上るる（はしがみ　るる）
1969年生まれ。東京外国語大学スペイン語学科卒。大学在学中は、ヨーロッパ各国を放浪。92年、朝日新聞社に入社、いろいろな雑誌の編集・執筆を手がける。32歳で出産、職場復帰後は子供を保育園に通わせながらのドタバタな毎日。沖縄とチャングムとキョロちゃんをこよなく愛するラテン系。好きな作家はポール・オースター。

装丁・イラスト ◎ 小松史佳

爆走《ばくそう》!! 妊婦《にんぷ》日記《にっき》

橋上《はしがみ》るる

明窓出版

平成十八年八月八日初版発行
発行者 —— 増本 利博
発行所 —— 明窓出版株式会社
〒一六四—〇〇一二
東京都中野区本町六—二七—一三
電話 (〇三) 三三八〇—八三〇三
FAX (〇三) 三三八〇—六四二四
振替 〇〇一六〇—一—一九二七六六
印刷所 —— 株式会社 ナポ
落丁・乱丁はお取り替えいたします。
定価はカバーに表示してあります。

JASRAC出0608754—601

ISBN4-89634-187-2

ホームページ http://meisou.com Eメール meisou@meisou.com

わが子に帝王学を　堀川たかし

～帝王学に学ぶこれからの教育

全国図書館協会優良図書指定。子ども達のために、私達自身の修養のために。先生と生徒、親と子、夫と妻、あらゆる人と人との関係が軋（きし）んでいる今こそ、共通のベースとしなければいけない心構えがここにあります。

（目次から）子どもたちが危ない。この国も危ない／なぜ、日本はこうなってしまったのか／教わらなかったことはできない、わからない／思想教育という業からの脱却／行動の源泉／子どもは植物を育てるように／道は、何故、どうして以前の学問／何を学べばよいのか／人の三不祥／人の三不幸／後生の才畏るるに足らず／賢を色に易える／学を好む／道に志す／食を共にして飽かず／飯は白きをきわめず／菜根を咬む／身少しも動かず／榻上に座す／他

定価　1890円

若き母親に贈る書　大庭俊一郎

親がいるために子が育たない！　この記録は、種々の報道に右往左往する教育ママ達に大きな示唆を与えることでしょう。精神医学者が、幼児教育の大切さをあなたに。

（目次から）教育について思うこと／子供の教育／教育相談　——勤めを持つ母親の教育に関する認識／親はなくても子は育つ？／子を思う親の心／子供はどう育てれば良いか——人は部品の集合ではない／家庭教育と家庭環境／同一化——乳幼児の学習／性格の形成——性格テストに見る親子関係　／性格が形成される過程／ノイローゼ患者に見られる親子関係／（症例　1）（症例　2）／精神の成熟——自然現象とエントロピ／母を語るある科学者の回想／他

定価　1330円